生命可以隨心所欲,但不能隨波逐流

隨風——著

生命可以
隨心所欲，但不能
隨波逐流

願你自由自在，且不被辜負。

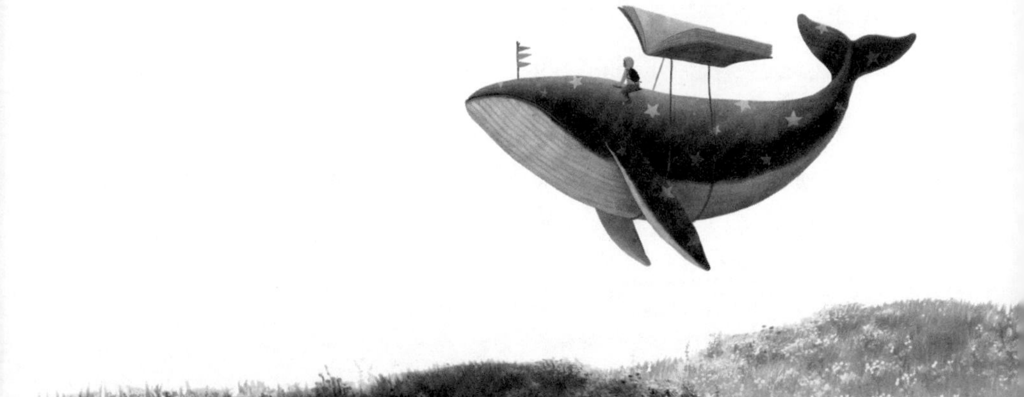

序言

大膽愛，放心做

不知道你有沒有經歷過有很多很多夢想的時期，一會兒覺得自己會成為在實驗室裡搖晃著試管的科學家，一會兒覺得自己會成為在國際政治舞臺上活躍的外交家，一會兒覺得自己是畫畫天才，一會兒又覺得對舞蹈也很有天分⋯⋯

這些人生的可能性，我都想過，但最終卻沒有從事其中任何一個「夢想」中的職業，也沒有成為任何一個「家」。

就像某個段子說的那樣：剛上小學時，我們覺得哈佛就在眼前；上了初中想著「清北」也不錯了，高中時發現能考上大學就挺厲害了。我們想要的東西，一點點地被現實修正，最後理所當然地成了一個平凡的人。

於是當某個人說他想成為一個怎樣的人的時候，周圍的人會習慣性哈哈大笑，笑他太過天真，笑他初生之犢不怕虎。其實這沒什麼好笑的，你實現不了的東西，不代表別人實現不了，那些

看似遙不可及的夢想，也不是一點希望都沒有，而是當時的你，還配不上那點希望。

這就是我寫這本書的初衷。很多人在對自己說了太多的不行之後，繼續否定別人。是時候停一停了，放開心懷，去看看別人，去看看更好的世界，將內心那點卑劣徹底消滅。

我終究沒有成為某個「家」，可是我很喜歡自己目前的生活，因為我很清楚眼下的生活是從何而來的，我努力過，而這是我努力的結果，我看得見自己在奔向何方，而不是渾渾噩噩地活在當下。

或許我們最終的樣子，沒有一開始設想的那麼優秀，**但人生不就是一個逐漸發現自己不行，然後逐漸成長的過程嗎？**更是一個不斷找尋自己適合做什麼，並且努力奮鬥讓自己靠近那個目標的修正過程。

當尋到那個喜歡的目標之後，我們便再也不會像小時候那樣異想天開了，也不會隨隨便便說換就換，因為你內心的聲音會告訴你，那就是你想要的結果，那就是你要走的路。說這是使命的召喚太過神聖，可是我相信，很多人的骨子裡都藏著這樣的聲音，只是後來被生活的瑣碎和外在的流言蜚語磨得多了，就漸漸

地只能聽見喧囂的聲音，而聽不見那個呼喚了。

多麼可惜啊！我多麼希望現在的我們，可以少一些遺憾，多一些快樂。

快樂來自哪裡？來自你所追求的東西。光有野心卻不行動，你會覺得焦慮和痛苦，覺得眼前的生活根本配不上你的格調，那是因為你知道自己想要的是什麼，卻將希望寄託給了天降餡餅，你自己也很清楚，希望渺茫，可是除此之外，你也不知道該怎麼做。

你覺得努力太慢，奮鬥太遠，可是**在人生這場馬拉松裡，唯一的捷徑就是用最笨的方法敲開夢想的大門。**聰明的人不怕浪費時間和精力，因為他們知道，他們付出的一切，都寫在最終的答案裡。

也有人告訴我，他們活得很努力，卻活得很累，也看不到什麼結果，因為不明白自己想做什麼，只能被時代的洪流裹挾著隨波逐流，這麼做有用，就急急忙忙「這麼做」，那麼做更好，又急急忙忙地趕往下一處。

其實你應該先審視一下，這樣做真的是在努力嗎？別只是讓自己看起來很忙，好像不這麼做的話，就會顯得自己跟不上大家

的腳步。那麼多人的腳步，你又怎麼能做到一個個地跟上呢？

停下慌亂的腳步吧！別害怕暫時的落後，因為你總要在眾多的腳步中找到屬於自己的節奏，只有這樣，邁出的每一步才是有意義的。

我們生於這繁複的世間，最合情合理的自洽方式，就是讓努力配得上我們的野心。到了那個時候，野心不再是一個難以啟齒的詞，也不是一首隨便唱唱的歌，而是說出來就能感覺到力量的能力。它會告訴你，還沒到放棄的時候呢！它會告訴你，再堅持一會兒就好了。

每一個不曾努力的日子，都是對生命的辜負。不知道有沒有人曾告訴過你，你努力的樣子很美，但前提是——**有方向感的努力才是最棒的。**如果沒有，那你必須停下來反思，方向明確之後，努力才能更高效。

相信你一定能夠在自己的人生路上，找到努力和野心的自洽感，你不必一定要功成名就，當你擺脫傳統意義的成功之後，實現你所喜歡的目標之後，一定會因為這種自洽而變得更加安定與從容。

CONTENTS

目錄

前言
大膽愛，放心做   3

CHAPTER 1
你總說自己太累，
可誰又活得順風順水？

你無須活在別人的期待裡	14
吹噓這麼多朋友，你一定很虛弱吧？	21
懂得「有差別地對待」，就不會太累	28
不要一直沉浸在懊惱的情緒裡	36
工作時全力以赴，閒暇時縱情忘我	44

CHAPTER 2

沒有你想要的擁抱，
也可以一個人堅強

貴在堅持的前提是，你走在正確的道路上	54
沒有一步登天的成功，只有數十年如一日的堅持	62
那些實現自由的人，都有你想不到的自律	70
你不是全能王，別對自己太苛刻	77
你控制不了生活，但可以控制對生活的態度	85

CHAPTER 3

你盡力了，
何必說自己運氣不好？

你不必如此圓滑	94
其實，大多數人並不在意你	102
每個人都要學著自己長大	110
生命可以隨心所欲，但不能隨波逐流	118
好的人生，需要你去「刻意選擇」	126

CHAPTER 4

天真的人，
通常可以走得更遠

為什麼你連「早睡早起」都做不到	134
儀式感就是生活的高級感	141
永遠不要低估你自我改變的能力	149
有多少人活成自己不喜歡的樣子？	156
有目標感的人，更有幸福感	163

CHAPTER 5

只要有堅硬的座標，
就能改變生活的模樣

我想要的，不是舒服地活著	172
最靠譜的投資，莫過於投資自己	179
沒有對現狀的深思，所謂的勤奮就是無源之水	187
夢想的價值不在結果，而在過程	194
你必須精力充沛，才能扛住世事艱辛	202

CHAPTER 6

我就想這樣
放肆地活一次

你做不好的事,大部分都是你不渴求	212
熱愛生活,才是人生真正的放大器	220
錯誤往往不是答應得太早就是拒絕得太晚	227
聰明的人都在做減法,只有你還在負重前行	234
不是你的圈子,就別忙著擠進去	242
把應該承擔的責任擔起來,你才會發光	250
最長久的堅持,源於熱愛	258

後記
願你自由自在,且不被辜負　　　　　　　　266

CHAPTER 1

你總說自己太累,可誰又活得順風順水?

你無須活在
別人的期待裡

　　前不久金球獎頒獎典禮，一個要顏值沒顏值、要背景沒背景的47歲「大媽」榮獲最佳女主角，成為首位亞洲金球視后。這位「大媽」叫吳珊卓，但更多的人記住的是「女版林永健」、「林永健妹妹」的稱號。

　　美的人千篇一律，醜的人卻各有各的醜法，按照傳統的審美觀，像吳珊卓這樣的「顏值」在演藝圈肯定不會有什麼出頭之日，她家境殷實，但家人並不支持她的選擇，如果換一條路走，便可以輕易獲得世人眼裡所謂的成功，她偏偏選擇一條最難走的路。

　　經紀人建議她整型，直言以她的外貌是拿不到女主角片約的！雖然是好心勸誡，卻直白得讓人受不了。不過吳珊卓的內心

Chapter 1

很堅定,她決定走自己的路。

經紀人的話果然一語成讖,她在好萊塢浪費了大好的青春,一直都是在客串,這要感謝她那張有特色的臉,讓她沒有一直被好萊塢拒之門外,反而在表情包中成功地火了起來。

吳珊卓心態極好,別人調侃她,是希望她能夠知難而退,她卻跟著自我調侃,這是她給自己灌的一碗雞湯,在成為演員的路上,她從未妥協過。《殺死伊芙》是她第一個擔任主角的劇本,她也靠著這部獲得一致好評的電視劇直接問鼎金球獎——一個僅次於奧斯卡的重要獎項。

當人們還在給她貼「長得像林永健」的標籤,當其他人還沒活明白的時候,她就已經成了最好的自己。

在吳珊卓的人生中,有太多人為她規劃人生路線,這等於是在對她想要的人生說NO,但她在眾多不看好的聲音中堅持了下來,她說:「做自己想做的事最重要,**成為自己不代表會成為人生贏家,但一定會活得開心。**」

做自己,少看別人的眼色行事,大概就是吳珊卓每天笑容燦爛的原因。與之相對的,也有一些生活在眾目睽睽之下的明星,因為努力想要成為別人期待的樣子,搞得自己精神崩潰。

15

就像主持人吳昕，她在主持《快樂大本營》之後，因為被觀眾吐槽，害她隨著這樣莫名的貶低產生了自我懷疑：「我是不是不適合當主持人？我是不是真的一無是處？」

她努力變得更好，可是外界批評不斷，這些聲音讓她焦慮、迷茫，她按照大家的要求去改變，卻依舊得不到認可，人們對她提出更多的要求。

一定的壓力可能會成為動力，但是過度的壓力會讓人爆炸。壓力大時，吳昕只敢在深夜裡痛哭，她甚至不敢去看網友們的評論。直到現在，回想起那段時光，她都會難以抑制自己的悲傷。

好在時間教會了她一項重要的技能：去無視別人的聲音，去拒絕別人的期待，成為自己就已經很好了。

轉換心態之後，吳昕再面對觀眾的貶低時比較能淡然應對，她不再賣弄努力的人設，而是堅持自己原本的樣子，土就土，但她笑得最自然！她走出自己的平民路線，逆風翻盤，成為帶貨女王，終於得到觀眾的認可。

這時候，她才恍然大悟，如果她一直回應不喜歡自己的人的期待，不滿意的人始終不滿意！做回自己，喜歡她的人才不會因此離開。

Chapter 1

现在流行人设，于是明星们小心翼翼地维持著，就怕暴露出什麼缺点，被指责人设崩了、要脱粉等等。

做自己很难，但这才显得真性情可贵。人设崩塌容易招黑，但本来就以自己最真实的样子出现在公众前的人就没有那样的烦恼了。是什麼样子、就以什麼样子出现，或许最初会出现反对的声音，但是时间长了，越是真实的明星，越受观众的欢迎。

不止演艺圈如此，很多普通人也在成為别人期待的样子和成為自己中挣扎著。

阿星从小到大贴著的都是「别人家孩子」的标籤，品学兼优不说，还在国内前十的名校学法律，将来正好继承律师爸爸的事务所，前途可谓一片光明，所有人都对她的未来充满期许。

可读完一个学期之后，她果断地转到冷门的动物医学专业，等办完所有手续之后才告知家人。这时，阿星长长地鬆了一口气。她一点都不喜欢法律，在家裡就已经被灌输太多跟法律有关的知识，这让她觉得压抑，想要从家裡这种氛围中逃离，她希望呼吸到的空气是自由的。

虽然在传统「家长权威至上」的家庭中长大，但她一直积蓄

著成為自己的力量。

「其實很久以前，我就很想像一個叛逆的孩子一樣翹課、拒絕考試，去做自己想做的事情。以前沒有勇氣，現在我做到了。跟貓貓、狗狗打交道挺有意思的，但是我家裡不讓養。我可能沒辦法成為像爸爸一樣成功的人，但是每天我都會覺得很開心。」

有人說阿星這樣的行為是叛逆期來得較晚，其實這更像是內心破繭重生的樣子。外界的期待將她層層包裹，正常情況之下，她可能會成為別人期待的模樣。這沒什麼不好，至少走出去也是別人眼中的精英；可她內心的聲音更嘹亮，呼喚著她，讓她終於突破「別人期待的樣子」的束縛，決定接下來的人生由自己做主。

叛逆是不考慮後果的反抗，壓根不會去想未來的路要怎麼走；而成為自己想要的樣子，是正向的反抗，他們知道自己在幹什麼、未來想要幹什麼，這樣的人自有內驅動力，哪怕後面的漫漫長路需要接受不理解和非議，需要忍受孤獨，他們也有足夠的力量去抵禦。

對抗從來不是他們的目的，只是他們的手段，成為他們想要成為的人才是最終目的。

Chapter 1

　　一開始，阿星的父母的確不能接受她突然轉換專業，覺得她將前程當成兒戲，只聽說過有人往熱門專業去的，很少見有人從熱門轉往冷門去坐冷板凳的。

　　但阿星鐵了心就是不換回來，父母無奈之下也不再插手，反正阿星如果只是一時興起，過不了多久就會磨光興趣，到時候就是沒人勸說，她也會自己回頭。

　　沒想到阿星比他們想像中執著，轉換專業伴隨著種種困難，隔行如隔山，她有太多的東西需要學習，稍不小心就會落下很多課程，阿星害怕被家人看見她灰頭土臉的樣子，只能越發努力。在這樣的努力與堅持之下，她每個學期都是第一名，大三的時候就被導師引薦到一家頗具規模的寵物醫院實習。

　　「有時候的確會懷疑自己的選擇是否正確，懷疑自己根本不適合當一個寵物醫師，壓力最大的時候，我經常失眠，還伴隨著掉頭髮，但既然都已經走到這一步了，也只能硬著頭皮走下去。還好堅持下來了，不然這輩子一定會有所遺憾。」

　　現在阿星的家人都接受了她的選擇，她的心思現在都在寵物上面，做得還不錯，做父母的還有什麼理由去阻攔呢？她媽媽被她感召，自己也養了一隻小柯基，比她這個正牌女兒還得寵，這

是阿星現在最甜蜜的煩惱。

　　阿星成功了，卻依舊有很多活在「別人期待」陰影下的人，雖然內心稍微有那麼一點小小的衝動，卻很快就被外界「期許」的眼神給嚇走，最後習慣了生活在這些「期待」之下，再也沒有勇氣去掙脫。他們不像是獨具個性的人，反而像是一個個成功的「模板」。

　　那些給你「期許眼神」的人可能是出自善意，像長輩一樣「為你好」，可是如果這樣的眼神是在扼殺你的可能，請大聲地拒絕。別人的意見雖然好，但是你應該更想聽到自己的聲音，這個聲音無論是平凡還是偉大，一定都是最燦爛的。

　　過著別人眼中「羨慕」的生活，並不一定就是幸福的生活。你想要成為什麼樣子，如人飲水，冷暖自知，只有你自己知道。

　　年輕的時候總想著要回應周圍的人的期待，後來才發現，人生短暫，能做到回應自己內心的期待就已經不辜負這一生了。

　　別讓別人的期待成為你的壓力，更別讓那些壓力壓垮你的燦爛人生。

Chapter 1

吹噓這麼多朋友，
你一定很虛弱吧？

以前認識一個很愛吹噓他朋友有多厲害的人，就連提起自己的成就，他也要吹噓朋友們的事蹟，似乎每個領域都有幾個佼佼者的朋友。但與這些「朋友們」相對的是，他現在還不怎麼如意地生活著。

後來大家才明白，其實他只是想要藉這些「朋友們」來擋住別人對他生活的窺視，擋住那些不經意間流露出來的不如意。可是他越吹噓，就有越多的問題暴露。

就像我有時候跟朋友抱怨，我現在真的是日理萬機：早上「中國移動」催促我確定合作事宜——需要交話費了；下午又要跟「中鐵」簽一個大單——去乘一趟火車；然後又有「中油」的合作等著我——汽車該加油了。

可惜這也只是自我調侃而已，就像我可以說自己認識馬雲和劉強東——其實對方壓根不知道我的存在，也不知道我對他們的事業付出的巨大「貢獻」。

露露在一家外企上班，她所在的部門基本上都是單身女性，週末的時候大家都會聚一聚。女生們的聊天內容，除了工作之外，無非就是化妝品、包包和衣服。同事A說她有個閨蜜在韓國做代購，買化妝品特別便宜；同事B說她有個大學室友嫁入豪門，可以幫忙在國外買奢侈品，免掉的稅都可以讓她再買一個香奈兒包包了。

每當同事聊這些的時候，同事C都不怎麼說話，安靜地聽她們聊著，於是另外兩個同事就非常熱情地問：「妳沒有朋友幫忙嗎？妳想買什麼，我可以跟朋友說一下，我的朋友也是妳的朋友，像化妝品這些的，就不用老是用國產品。」

據露露說，C總是客套地應付她們，卻從來沒有提過讓她們幫忙買東西的意思。倒是露露聽她們這麼熱情，一個沒忍住，就請她們幫忙帶了一套化妝品，結果「朋友價」跟淘寶上的價格差不多，後來她就不再託她們代購了。

過了一年，公司更換發展方向，她們的所在部門全員被裁

Chapter 1

撤,四個人集體失業,雖然公司提供了另外的崗位,但薪酬和福利跟之前完全不能比,因此四個人都沒有選擇留下來。

離開之後,露露開始忙著找工作,有天她從招聘會場出來,正好碰見前同事C。離職之後,聚會之類的活動少了,C平時就比較低調,所以露露不太了解她的現況。

看到C也在招聘會場,露露趕緊跟她打招呼:「好巧,妳也是來找工作的嗎?」

「我只是剛好路過。」C看著露露一臉疲倦的樣子,突然提議:「我有個朋友正在找人,我可以推薦妳過去試試。」

露露將信將疑,不確定C有這麼大的能耐,但為了早日找到工作,她抱著「瞎貓碰上死耗子」的心態,去了C推薦的企業,結果發現,真的沒有失言,待遇跟之前的公司差不多,雖然規模沒那麼大,但是有發展潛力,絕不是露露擔憂的那種黑心單位。

露露為自己之前的惡意揣測感到不好意思,工作穩定之後,她請C吃飯算是答謝。她好奇的問C:「妳的工作能力比我強,如果妳去面試的話肯定會上,為什麼要推薦我呢?」既有能力又有人脈,還將大好的機會往外推,這也太怪異了吧?

C有些不好意思地說:「我已經找到工作了。」

露露這才恍然大悟。原來C靠自己的能力進世界五百強公司，自然就拒絕了朋友伸出的橄欖枝。她知道露露工作能力不錯，大家同事一場，就介紹給露露。

　　雖然露露後來跳槽了，但她依舊感激C曾經的雪中送炭，也時常感慨，原來真正有朋友的人，並不是那種時常將自己的人脈圈掛在嘴邊的人。C不聲不響地進了世界五百強公司，如果是A和B，不知道會如何大吹大擂呢！據露露所知，A那個做代購的朋友根本幫不上什麼忙，B的富婆朋友也是百般推託，所以兩個人都還在為找工作的事情而著急。

　　因為心態的轉變，露露並沒有在她們的聊天群組裡提起什麼，直到後來她們問起來，她才平淡地說自己已經找到工作，她們果然立刻猜測起來：「妳是不是在哪裡有關係啊？之前都沒有跟我們說，太不把我們當朋友了！」

　　露露無奈地笑笑，心裡想說真正有辦法的人是C，只是她低調，所以根本不需要顯擺什麼關係；而真正的朋友，永遠都會在你需要幫忙的時候出現。

　　聽露露聊起這件事之後，我想到學生時代遇到的一個女生珊珊，她是一個很喜歡出風頭的人，努力地想要取得某些成績，加

Chapter 1

入不少社團組織,非常活躍。按理說,一個活潑開朗的女孩子,再怎麼也不會太招人討厭。但可能是因為性格太過強勢的原因,大部分的人都不怎麼喜歡她。

冷場次數多了,漸漸地珊珊也察覺到自己被排擠。但是她很不甘心,覺得大家不喜歡她的原因,是因為之前她沒有展露出足夠的實力,於是她逢人便談自己曾經多優秀,跟她差不多的朋友,現在都在哪些平臺⋯⋯反正核心意思就是自己很優秀,趕緊跟她打好關係。

但她被討厭的情況一點兒都沒有好轉,於是她又改變了策略,「既然你們不喜歡跟我交朋友,那我也不稀罕和你們交朋友!」社團聚會的時候,珊珊會在大家聊天的空隙突然插上一句,「哦,我的朋友從來都不會這麼毒舌,她們只會幫我想辦法,你這位朋友也太過分了吧?」

這個時候,大家不好表現得太過明顯,只好呵呵以對;如果珊珊在社團群組裡說她的朋友又如何如何了,大家更是直接無視。不管她有沒有這樣的朋友,她這種「曬」朋友的方式引起大家的極度反感。

後來選部長,珊珊因為被大家所討厭而沒有選上,她黯然離

開之後開始專注於學習，退出社團群組，路上遇到社團朋友也不再打招呼。

有人提起珊珊，忍不住問說：「我們這樣會不會太過分啊？」

馬上就有人回答：「不是我們太過分，而是她本人太弱，情商太低。她想要跟大家交朋友，卻喜歡把自己擺在一個高高在上的位置，然後吹噓她有多厲害的朋友，這是一般人交朋友的方式嗎？賣慘已經很惹人厭了，用這種一眼就能看穿的偽裝來掩飾自己的弱點，更是可憐！」

一番話直接就指出珊珊的可憐卻也可恨之處。誰還沒有幾個靠譜的好友呢？偏偏珊珊非要反覆地提起，來證明她並不像那些流言蜚語所傳的「人緣差」，但事實上，就像朋友圈裡老是秀恩愛、曬孩子的人是最容易被討厭的，珊珊這種行為在別人的眼中就像一個笑話，大家將這種人歸為一種病症——「缺什麼，就愛炫耀什麼」。

後來，我再也沒有見過珊珊，也不知道她是否改掉這個毛病。生活中，除了珊珊之外，還有無數的「珊珊」在重蹈覆轍。說到底，與其讓別人知道你的朋友有多麼好，不如讓大家知道你

Chapter 1

有多麼好,唯有這樣,才會有更多優秀的人成為你的朋友。

　　好了,我已經知道了你的A朋友很厲害,你的B朋友已經走上人生巔峰,你的C朋友⋯⋯可是你呢?相信我,當你足夠強大,當你的朋友足夠多,你不會再忙著吹噓你的朋友們,因為你就像你所認識的人那樣忙著優秀,不需要你說什麼,別人自然能夠看見。

懂得「有差別地對待」，
就不會太累

　　小樂是一個對朋友特別豪爽的人，誰有困難，第一時間去幫忙的就是他。周圍的人提起他，沒有一個不豎起大拇指點讚的。

　　他本人也喜歡結識來自五湖四海的朋友，遊戲、抖音、朋友圈都可以成為他的交友平臺，今天這個朋友過來，明天那個朋友過來，他總不吝嗇，該請吃飯就請吃飯，朋友來當地玩，出於東道主的責任，他都會帶人玩一圈。月底算算開支，發現「交朋友」這一項已經花掉他大半個月的工資，都快成為他「月光」的罪魁禍首了。

　　小樂對這事看得挺開的，反正他還沒有女朋友，一點小錢換幾個真心朋友，也不枉他的付出。他自己也樂在其中，雖然也有朋友想勸他不要總是這樣，但沒有足夠好的立場也不好開這個

Chapter 1

口。小樂去出差,不管到哪個城市,總能輕鬆攢起一個局,獲得不少朋友驚訝敬佩的眼神之後,他對這樣的生活就更滿意了。

直到小樂遭遇一次意外,急需用錢時,他找了不少朋友借錢,大部分的人都拒絕了他,藉口非常蹩腳,什麼自己生了重病、手頭緊、自己還負債等等,他這才發現,原來拒絕別人借錢的理由有這麼多。

幸好最後還是有朋友伸出援手,幫他度過難關。

小樂性格豁達,自己為那些找藉口沒借錢給他的朋友找了理由:每個人對錢的觀念不同,有的人比較在乎身外之物,不願意借錢也是可以理解的。等風波過去之後,小樂想跟朋友們說說這段時間的遭遇,倒倒苦水,卻發現朋友們一個個對他避之唯恐不及,更是有人直截了當地說:「我不喜歡聽這個,你換個話題吧!」

小樂當時就愣住了。他不強求朋友借錢給他,就連聽聽他的抱怨都不可以嗎?這些人中,有些人遇到麻煩向小樂求助的時候,小樂可是沒少花時間也沒少花錢,怎麼一反過來,一切都不同了?

自此,小樂便對友誼這個詞產生了極大的懷疑,他也見識到

了「塑料兄弟情」是什麼樣子的。

我告訴他：「不是你選擇友誼是錯的，而是你把所有人都歸為朋友這件事有問題。朋友本身是沒有問題的，但是朋友是要有分類的。」

「朋友還要分類，那樣不是很功利嗎？」小樂馬上說。

說功利也沒錯，可是千萬別因為功利，就對此避之不及，最純粹的友誼，或許就是用功利的方法檢測出來的。

小樂完全沒有必要對友誼感到失望，這個世界上有「塑料朋友」，也有真正的「鐵杆朋友」。在小樂處境艱難的時候，有人袖手旁觀，也有人會感念他以前的「仗義」，不在乎他能不能還上，先把錢給墊上。

為什麼會這樣呢？因為本來就是不同類型的朋友啊！有的只是把他當成可以一起玩的朋友，有的卻把他當成可以聊人生談理想的朋友。跟酒肉朋友談人生之艱，人家不願意被他破壞了閒聊的好心情，當然不待見他了；而跟自己的知己朋友閒聊亂侃，更是沒有必要。

用不同的方式對待不同的朋友，不僅是為自己好，也是為朋友好。

Chapter 1

小樂聽完之後似懂非懂。

我便問小樂:「就這麼說吧!你維持這麼多的朋友,會不會覺得累?」

小樂有一種被我戳中心事的赧然,他說:「有時候身心俱疲,錢包也撐不住。但不堅持這麼做,總感覺對不起那麼多的朋友。」

「是啊,對你來說,維持這麼多朋友很辛苦,對別人來說也是一樣的。所以他們知道要區別對待,對於點頭之交,幾乎沒有人傻到會兩肋插刀吧?不是說他們太冷漠,只是交情沒到而已。對不熟的人沒有距離,人家不見得會開心,反而會覺得尷尬和不適應。」

友誼本來是一種會讓人心情愉悅、變得更好的東西,什麼時候竟然差點成了要把人壓垮的最後一根稻草呢?

人的精力畢竟有限,維護那麼幾段極好的友誼就已經很辛苦了,把所有朋友「一視同仁」,除了把真正的好友越推越遠之外,沒有別的好處。

戰國時期孟嘗君、信陵君廣交天下門客的故事讓大家忍不住生出一股豪氣:以後我也要這樣交朋友!好像不能效仿這些俠義

之士,就配不上熱情好客的名聲,做不到四海之內皆朋友,就是人生的一種失敗。

這些在戰國時期被稱為「君」的人都是貴族,手中的財富足以讓他們招攬有識之士。對能力不同的門客,待遇也是不同的。

也就是說,哪怕是家財萬貫,不在乎為朋友一擲千金的人,也會有差別地對待不同的「朋友」。

比起功利,我更願意稱之為人之常情。交友的心可以是赤誠的,但是交友的方式,可能需要我們用理智的態度去丈量彼此的距離。

朋友之間是有「距離感」的,不同類型的朋友距離不同,才能找到最合適的舒適區。比如有的人,只是普通朋友而已,但出於客套,總會來一句「有什麼事情找我」。你以為對方已經成了你的好朋友,遇到什麼事情都找上門去,對方應該也挺頭疼的。

其實衡量好彼此的距離,真的是一門重要的情商課。

燦燦從十六歲開始就成了獨來獨往的人。直到上大學、大學畢業,她都沒辦法正常地和人交往,漸漸地成了別人眼中有怪癖的人。

Chapter 1

燦燦向我傾訴，言語中飽含著痛苦，「我也不想成為這麼不合群的人，但是想到和人交朋友，我就條件反射地覺得害怕。」

原本她也是挺開朗的一個女孩，身邊的朋友很多，她又是一個比較信任朋友的人，有什麼事情都會和朋友說，包括連對家長都不會開口的祕密，她讓她的朋友們都保密，當時大家答應得信誓旦旦，回頭她的祕密就傳得沸沸揚揚，在學校裡幾乎人盡皆知。而且傳到別人的耳朵裡，又飛出了好多不同的版本來，在這些版本中，燦燦都要成為無惡不作的人了。

有很多人對著她指指點點，「外表看不出來，原來她竟然是這樣的人。」

「那個人就是她啊！」

燦燦不知道到底是誰洩露了祕密，在她孤立無援的時候，身邊的朋友好像都消失了。沒多久，老師和家長都知道了這件事，雖然老師斥責了傳播謠言的同學，但是堵不住所有人的嘴，最終家裡為燦燦辦了轉學。

離開了原來的環境，燦燦的心態卻沒有因此好轉，她漸漸地變成一個沉默寡言的「怪咖」。她就像著了魔一樣信奉一句話：從你告訴另外一個人祕密的時候開始，祕密就已經不再是祕密

了,所謂朋友,只是傳播祕密的一個途徑而已。

這樣的心態,燦燦能交到新朋友才奇怪呢!從朋友如雲到不再信任任何人,這也太極端、太片面了。有這樣的結果,把燦燦的祕密說出去的人有責任,燦燦自己也有責任。

「你所有的朋友都沒有保守祕密嗎?」

「也不是⋯⋯」

「你知道你的朋友中有比較喜歡八卦的嗎?」

「那肯定有啊,可是我以為我叮囑了他們之後,就不會有人這麼做了。」

我連問了兩個問題,一下子就把當時的問題暴露出來了。連燦燦本人都覺得,不是所有人都洩露了她的祕密,不是所有的朋友都靠得住,但也同樣的,不是所有的朋友都靠不住。因噎而廢食,吃虧的永遠都是自己了。

和不喜歡接受負能量的朋友吐槽生活,和不愛逛街的朋友逛個幾個小時的街,和喜歡吃素的朋友大塊吃肉,和不能保守祕密的朋友聊祕密⋯⋯可能這個「朋友」的脾性的確有問題,可是你的這種做法,不也是在為難人家嗎?

燦燦突然想起一件事,「其實不是所有朋友都離開了我,在

Chapter 1

我轉學之前，有朋友來找我，說是有話要跟我說，可是我太難過了，都沒有見。」

當時那個朋友找她是為了什麼已經不得而知，可是燦燦回想起這件事情，就覺得有些遺憾。她到底還是渴望著來自朋友的溫暖，否則也不會努力走出陰影。只是她對友情有太多的顧慮和疑惑，「那為什麼不同的朋友結果不一樣？我該怎麼去處理不同的朋友關係呢？」

「首先，有距離地去交朋友，時間長了，你就會知道你的這些朋友是什麼樣的人，有差別地對待他們，只適合逛街喝茶的，就約著去逛街，適合交心的，再和他們說說自己的故事。」

有差別地對待，是對朋友最正確也是最合理的姿態，給你的朋友減減分，也給自己減減壓。因為「塑料朋友」不可靠而傷心，那應該是傷錯了心；將知己拒之門外，是自己將自己推入孤立無援境地的。

不要因為差別對待覺得不好意思，這不是指戴著有色眼鏡看人，也不是非要給人分一個三六九等，而是在正確的距離對待正確的人。學會有差別地對待，友誼不再是束縛在你脖子上的枷鎖。

不要一直沉浸在
懊惱的情緒裡

西西是應屆畢業生,初入職場,完全就是手忙腳亂。

有一天她突然跟我說:「我懷疑自己被孤立了,主管有任務不交給我做,同事吃飯也不帶上我。」

事出反常必有因,我正好聽說過他們公司,不是那種排擠新人的地方,跟西西同期的職場小白也有,卻也沒有聽到他們有這些抱怨。我問她,之前在工作中有沒有什麼做得不好的地方?是不是不小心得罪了人?

西西露出不好意思的神色,「之前有一個單子需要我去跟進,但是我不會,差點搞砸了,還是同事及時幫忙,才沒有在甲方那邊留下糟糕的印象。可是我也沒想到後果會這麼嚴重,我以為輕輕鬆鬆就能搞定的,而且這件事不是過去了嗎?怎麼他們還

Chapter 1

會對我有意見?」

「先不要管他們是不是太過斤斤計較,也不要管這件事過去了多長時間,我就問妳一個問題,現在讓妳再去跟進這個單子,妳還會出錯嗎?」

西西露出了猶疑的神色,「這個⋯⋯有幾個報表怎麼做的我還不會⋯⋯」大概連她自己都覺得有些不好意思了,又補充說:「可是我知道自己錯了,也跟大家道歉了,是我拖了大家的後腿,這還不夠嗎?」

這當然不夠,**無關痛癢的後悔和道歉在職場上什麼用都沒有,別人要看到的是你的成長**。每次都做不好,每次道歉都可以很誠懇,這只會讓人懷疑你改錯的態度。

就像西西,新手犯錯司空見慣,可是只會道歉,只會懊惱,卻不趕緊改過,難怪會遭遇職場排擠。交給你的事情做不好,上司為什麼還要把重要工作交給你?老是給同事添麻煩,人家憑什麼待見你?

如果再這麼下去,等待她的不是職場冷板凳,而是去留的問題。

一個勁兒地說謝謝,不如下次俐落地幫別人解決問題;一個

37

勁兒地道歉，不如下次帥氣地完成任務。

前公司總監政哥曾和我聊起過他初入職場的情形，本以為職位升得高、晉升速度足夠快的人，他們的職場生涯就像開了掛一樣，至少沒有背景、也不內行的政哥曾經就是一個青澀的小菜鳥。

政哥英語專業出身，自認為專業技能過硬，可是他進的是製藥公司，很多專業術語都看不懂，還要去各個部門溝通協調⋯⋯在校期間有多自信，那他在職場就遭受多大的挫折。

當時他的主管說：「當時面試覺得你綜合實力挺強的，但在工作中好像並沒有表現出來啊！得加把勁啊，本來我就不想招英語專業的學生，因為太專業的東西大家都看不懂，也是覺得你行，才會讓你進來的。」

未盡之意就是政哥表現得「不太行」，辜負了主管招他進來的初衷。

政哥是個要強的人，他知道這是事實，心裡覺得特別壓抑，但這並不能幫助他什麼，反而因為分神讓他犯了一些更低級的錯誤，惹人發笑。他聽到別的部門的人在小聲嘀咕，這個新人是有背景嗎？不然這個能力是怎麼進公司的？

Chapter 1

政哥知道這樣下去不行了，後悔、難過的情緒或許可以讓他從失敗的陰影裡走出來，讓他知道自己不是一個沒心沒肺的人，除此之外就沒有任何作用了，不改變，他會一直是一個loser。

錯一次可以解釋為新手不懂，可是同樣的事情屢屢犯錯，不是無能是什麼？

他盡量不讓自己沉浸在頹廢的情緒中，而是積極地去尋找提升自己能力的方法，專業詞彙不懂？背！不知道該和哪個部門的人交接？問！政哥有一個厚厚的筆記本，專門用來記錄一些專業詞彙，包括這些詞彙可能用到的場合，而有些部門的人，看到政哥就想躲，因為他就像一個「十萬個為什麼」——這種藥物的成分是什麼？有沒有用到相關技術？

偏偏政哥的態度很好，笑臉迎人，讓人很難拒絕。

政哥的學習能力是毋庸置疑的，從小到大他都是一路「學霸」過來的，才能在筆試、面試環節碾壓其他競爭對手加入公司。一旦知道了方向，他就知道該怎麼做了。從什麼都不會到什麼都懂一點有多難？政哥會告訴你，只要真的投入，兩個月綽綽有餘。

一份工作固定的就是那麼一點東西，學會了骨架，填充血肉

的部分就簡單了。把最基礎的技能都學會，主管有任務佈置下來，他知道該做什麼，就不會像以前一樣手忙腳亂了。

也不用擔心之前糟糕的表現給主管留下不好的印象，新人期的生澀，大家都懂，無法理解的是沉浸在那種懊悔裡無法自拔，更無法進步的人。如何證明我說的話？從政哥是公司晉升速度最快、最年輕的總監就可以證明吧！

他說：「從某個方面來說，犯錯是提升自己最快的途徑。如果沒有錯誤，你可能很難發現自己的問題在哪裡，而一犯錯，問題就清楚地擺在你面前了！這時候千萬別忙著後悔、自責，抓住時機改正錯誤才是最正確的做法。」

政哥不怕什麼都不會、專業不對口的新人，他最怕的是那種犯了錯急著懊悔、急著找藉口的人。新人不是犯錯的藉口，而是進步的理由。

人生的所有「開掛」，都是從懂得及時改正錯誤開始的。

學生時代，幾乎每個人都會有訂正本，用來及時彌補錯誤；但是在人生這一場大考中，反而有很多人忘了準備一本訂正本，一犯錯就懷疑自己不行了，感覺天都要塌下來了。距離最終考試的時間還早，這麼早就採取消極的態度，完全就是自己親手推掉

Chapter 1

翻盤的機會。

微博上有個讀者找到我,「我原本在一家IT公司上班,後來自己創業,借了親戚朋友不少錢,現在虧本了,錢也還不上。我覺得生活很難堅持下去了,該怎麼辦?」

字裡行間都是他的痛苦。他覺得辭職是錯,創業是錯,選錯方向不應該,虧本不應該……他對自己的人生充滿了懷疑,甚至都沒有勇氣繼續走下去,他的腦海裡只剩下了各種「如果」,如果沒有這樣,生活是不是會有所不同?可是「如果」到底只是一種假設,不能將他帶出絕望的情緒。

我問他:「你覺得自己的人生還有多長時間?」

按照平均壽命來算,他起碼還能活四十年,用後面四十年的時間,難道還無法糾正前面三十多年犯下的錯誤嗎?我覺得是可以的。

他沉默許久,說:「我明白了,用錯誤懲罰自己,除了讓自己、讓周圍的人痛苦之外,什麼用都沒有,我應該用行動來彌補我的錯誤。」

後來他還給我發過一次私信,「我還在糾正錯誤的路上,但我覺得人生不再那麼晦暗了,我的生活現在變得越來越好了。」

我不知道現在的他是不是已經從曾經的錯誤中脫身，但我相信，總有一天他會做到的。把錯誤一一糾正，生活的希望就此誕生。什麼叫作絕處逢生？在你糾正錯誤的時候，便有了絕處逢生。

我們常常說，某人犯下了天大的錯誤，把自己的一生都搭進去了。想到這句話，不少人不戰而退，犯了錯之後就想著透過逃避來解決問題。可是這句話更多的是告誡人們選擇正確的道路，若過度解讀為犯大錯會無路可走，那才是最大的錯誤。

一代煙草大亨褚時健在他人生巔峰時鋃鐺入獄，家破人亡，可以說是已經走到了人生的最低谷，任何重新恢復往日輝煌的機會都看不到了。可是褚時健出獄之後，包下果園種起了「褚橙」，又成了一代有名的「橙王」。

犯錯是再正常不過的事情，**普通人不是在犯錯，就是在犯錯的路上一路奔行**。真正把人區分開的，是犯錯之後的態度。沉浸在懊悔的情緒中永遠都是於事無補，說不定還會因為狀態不好而一錯再錯，從一開始你就想著「完了」，那才是真的完了。

及時止損的道理很多人都知道，可是能夠做到的人少之又少。驚慌失措前不妨先想想：難道真的沒有改正的餘地了嗎？這

Chapter 1

是你人生最終的考試嗎？如果不是，請在訂正本上記下，然後開始你的糾錯之旅，等你已經遠離了這個錯誤，才會發現懊悔、自責的情緒都是沒有必要的。

改錯，是面對錯誤能交出的最好答卷。

工作時全力以赴，
閒暇時縱情忘我

　　以前有個同事叫麗薩，工作日幾乎每晚都會加班，看起來工作特別努力。但兩年過去，升職加薪卻一直輪不到她。

　　麗薩帶著怨氣去找主管抱怨，「我這麼努力，犧牲了很多自己的時間，你怎麼什麼都看不到？某些人每天都不加班，比我年輕，卻晉升得比我快，是不是有什麼『潛規則』？」

　　如果她特指的某些人中沒有我的話，可能連我都要懷疑某些人是不是有關係，是不是涉及了某些見不得光的交易。可是我敢保證，這跟職場潛規則沒有任何關係。

　　誰都看得見麗薩的努力，但是也僅限於努力了。

　　她每天都在加班，那是因為上班時太清閒了，工作沒有完成，反而下班時間效率提升很多，但是沒有表現得特別突出，每

Chapter 1

次都是在完成不了任務的邊緣徘徊。因此,她便成了整個部門最晚離開的人,但是也沒有比別人多做多少工作,哪個混跡在職場的人連最基本的工作都沒有完成就可以升職的?

主管直截了當地告訴她:「妳的確花了挺長時間工作,但是妳的效率太低了,所以這不能怪公司給妳太大的壓力,而是應該反省一下,妳是不是能力不足?」

麗薩說:「交給我的工作我也有努力完成啊!我因為加了太多的班,沒有時間和男朋友吃飯、約會,差點鬧分手,你怎麼能這樣說我?」

她一直信奉《穿著PRADA的惡魔》中有一句話:等你私生活全毀的時候記得告訴我,這表示你要升官了!

她的生活的確已經一團糟了,可是她想像中的升職加薪並沒有到來,反而被上司質疑能力,還有比這更讓人難以接受的事情嗎?

主管也很無奈,「妳用比較工作時間長短的方法來比較對工作的付出,是不是用錯了方法?交給妳的任務,妳的確完成了,可是用了比別人更多的時間,卻沒看到妳比別人做得更多,不是嗎?妳太在乎表面的努力了,實際上更應該注重效率。」

麗薩的行為更像是一種面子工程，但公司往往不會在意一個人做好工作所付出的，公司在乎的是工作很好地完成，公司的效益得到了提升。在這個基本要素都沒有得到保證的前提下，談「人文關懷」就是一個偽命題，除了八卦小分隊，沒什麼人在乎麗薩的私人生活過成什麼樣子。

　　因為不管過成什麼樣子，都是個人能力的問題，怪罪到工作上面，除了讓自己更不開心之外，沒有人會補償你的損失。

　　和主管談完之後，麗薩開始轉變自己的工作模式，大家都清楚地看到她的改變。沒有刻意在上班時間營造出很輕鬆、很愉快的氣氛，也沒有把工作都拖到下班去做，她嘗試著在正常的上班時間之內把該做的事情完成，然後高高興興地下班。

　　效果看起來還挺不錯的，因為她比以前過得更開心，而且也沒有了之前的怨天尤人，「雖然上班時間付出了更多，但這是我本來就應該做的，而我也有了休息時間。這種節奏讓人很舒服，也讓我明白自己以前可能白白浪費了許多公司的資源。」

　　一直覺得有一句話很有道理：你只是看起來很努力，可是那種類似於自我感動的行為，卻沒有打動任何人，自然無法成為殘酷職場下的適者生存。

Chapter 1

因為在自我感動的背後,只是你自己在粉飾太平而已,在你的內心深處,也很了解自己這種無效率的生活方式不能得到任何加分。

跟麗薩相對的,就是貼著幸運標籤的我。

我是一個特別不喜歡加班的人,哪怕是主管在場,我也會準時下班,年節假日沒有特殊情況是絕對不會加班的。這在一群不管怎樣還是會在主管面前裝忙的同事之中,可以稱為一股土石流了。

一開始主管會找我談話,問我為什麼從不加班,是不是不喜歡這份工作,沒有什麼工作熱情?主管暗示我,我這麼做可能會讓其他努力工作的同事有意見。

但是我並不著急,既然我敢這麼做,自然早已做好相應的準備,所以我一點也不慌的說:「主管,你有看我的每日工作總結嗎?如果沒有,你現在可以看一下。」

「如你所見,每天的工作我都保質保量地完成了,沒有渾水摸魚,也沒有偷工減料,我認為,工作時間的設定,就是為了能夠讓大家準時上下班,不然這個時間的意義是什麼?公司最應該

在意的不是員工工作時間的長短，而是工作的效率。我也可以上班上上網、看看劇、發發呆、多跑幾趟洗手間，然後靠加班把工作完成，可是這樣做真的沒意義。」

主管看完我的工作總結，說道：「挺好的，繼續保持。」

後來他再也沒有因為我準時下班找我談話，不加班也沒有成為職場道路上的阻礙。反倒是有時候他還會找我諮詢一下，問我放假幾天應該去哪裡玩，哪些地方比較有趣？後來，我們部門的人都成了「不加班主義」的擁護者。

比起膽戰心驚、時時刻刻注意周圍，以免被領導看到上班「摸魚」，我更願意等到下班時間，可以自由支配自己的時間，再做休閒娛樂的事情。放假了該旅行就旅行，該回家看看就回家看看，看電影、追劇一點都沒落下，偶爾還能寫寫自己感興趣的東西。

導致有些朋友對我的職業產生了懷疑，「妳是不是自由業？」或者直接問我，「妳是不是一個全職太太？」

產生這樣的理解，無外乎是覺得我的生活太瀟灑了，而在他們的觀念中，上班一族是不可能達到這個目標的。

誰規定上班族就一定要一地雞毛、滿身疲憊、瑣事纏身呢？

Chapter 1

有人說我幸運，得到上司的青睞，所以在職場上順風順水。可我跟大部分人一樣，沒有背景、不去送禮，靠什麼得到上司的青睞？說到底還是靠自己的能力。我沒有加班，該休的年假正常休，但這代表我比別人少付出努力了嗎？也不是。

我只是在別人忍不住想休息一會兒、放鬆一下子的時候全力以赴，該付出的精力沒少付出，該為公司創造的價值也不比別人創造的少。我能夠保證自己對公司的價值，保證我的工作效率，用最少的時間做最好的事情，準時下班不是理所當然的回報嗎？

也有人問我，同時做這麼多事情不累嗎？也不是不累，但是有了足夠的時間休息，可以恢復自己的精力，工作還沒有想像中那麼累，在工作時間努力發揮自己的價值也沒有想像中那麼難。

現在有太多人抱怨，工作佔據了他們大部分的時間，讓他們沒辦法去做自己喜歡的事情，每天都要加班，別說是看書、健身，累得連音樂都懶得打開。

可是他們忘了問問自己，這是必要的加班嗎？

你的可支配時間比你想像中的多，只是你習慣了無意義的加班，明明是在電腦面前發呆浪費時間與生命，你也會擔心，如果不這麼做的話，你會變得不合群，會被職場淘汰。別擔心了，**會**

把你淘汰的，只會是你那毫無效率的工作方式，加再多的班也無法彌補這個問題。

不知道從什麼時候開始，加班成了努力的標誌，彷彿犧牲很多個人時間在工作上，讓自己的私人時間一團糟就是值得嘉獎的表現。有一句話說得很對：不加班是一種能力，加班是一種態度，當能力不足的時候，只能靠態度來湊。

這意味著對於一半以上的行業來說，加班不是必須的，也不是一個職場人厲害的表現，而是正常上班時間無法完成工作，只好靠加班來彌補。有些人看到同事在加班，不好意思走得太快，便在座位上磨磨蹭蹭，不想成為最早離開的人，其他人有樣學樣，「不加班的員工就不是好員工」的風氣就這樣傳開了。

相信我，老闆絕不會因為你不加班就叫你走人，他只會因為你在上班時摸太多的魚而不喜歡你。

如果老闆真的因為不加班就否決你，不用灰心，也不用喪氣，立刻辭職就對了！這種只在乎表面功夫的公司，效益肯定不好，也沒什麼前景，早點離開反而對職業生涯更好。

我現在傳遞的不是「不加班」就是正確理念，我也沒有辦法保證自己一定不用加班，我只是想說，在工作的時候全力以赴，

Chapter 1

在休息的時候盡情享受,才是人生最「節能」的生活方式。

拿出效率,當一個「能不加班就不加班」的自由人,才能以最正確的姿態享受人生。

CHAPTER 2

沒有你想要的擁抱,
也可以一個人堅強

貴在堅持的前提是，
你走在正確的道路上

　　朋友朵朵失戀了，每天都恨不得把自己的眼淚流乾，大夥兒怎麼勸都勸不住她。直到某一天，她突然振作起來，化好妝、換上新衣服，元氣滿滿地說：「女追男隔層紗，我要重新贏回自己的愛情！」

　　但我們都不支持她這麼做。朵朵和這個男朋友分分合合已經好幾回了，一直都是藕斷絲連的狀態，每次都是朵朵在挽回，男方卻一點兒都不在乎這段感情。

　　如果是分手之後，男朋友才是這樣的態度，那可能是朵朵做錯了什麼事，可是在他們正常交往的時候，同樣感覺不到對方對朵朵的重視。朵朵晚下班，想讓他來接，他就有些不耐煩地說：「我正在打遊戲，妳自己叫車回來吧！又沒多少錢！」

Chapter 2

　　朵朵在乎的不是那幾塊錢，而是他對她的重視。她當時就想生氣了，但這麼一來，男朋友會更加不喜歡她糟糕的脾氣，只會讓矛盾更深。

　　交了這個男朋友之後，朋友聚會邀請朵朵，她經常來不了，說是男朋友有事，她走不開。

　　這樣的事情多了，朋友們便都成了「勸分黨」，可是朵朵就是不甘心，「他身上還是有很多優點的，可能你們沒看到，他對我還是挺好的，就是有時候忙著自己的事情顧不上我而已。」

　　但這一次，朵朵耗費了很大的精力，軟硬兼施，都沒能將她的男朋友哄回來，反而得到一句對她來說極其殘忍的話——「女人說分手，是為了引起男人的注意，希望男人回過頭來哄哄自己；但男人說分手，那就是真的想分手，妳不用想別的方法了，我就是不愛妳了。」

　　朵朵傷心欲絕，我便這樣勸她，「從好處上想想，沒必要這麼傷心，早點說清楚了，妳也可以早點尋找屬於自己的真愛！如果因為他耽誤了妳原本的緣分，那才是雪上加霜呢！」

　　朵朵被我逗笑了，「哪有這麼簡單就能找到真愛的？說到底，我知道他也不是什麼真愛，我就是捨不得自己付出的這段青

春和感情,付出這麼多,就會想要有收穫,不是說堅持就是勝利嗎?我不想成為感情上的輸家。」

放棄本身不難,只是因為考慮到已經投入了那麼多,不回本總會不甘心。這和賭徒們的心理差不多,覺得只要再投入一筆,肯定能夠贏回來。可是在這種註定贏不了的事情上,繼續投入,只會讓人陷得更深,然後繼續之前的循環。

到了這個時候,堅持便不能叫作堅持了,而是賭紅了眼的人失去了理智,想不到其他方法,只能安慰自己說堅持就會有好的結果,然後便一條路走到底,撞上南牆也不回頭,哪怕已經頭破血流。

懂得堅持是一個人的優秀品質,但優秀的人會知道,什麼事情該堅持下去,什麼時候該放棄。

就像朵朵,她心底其實已經知道那是一個已經走遠了的男人,但她還是想要挽留再挽留,就像那些輸了錢的賭徒,明知道贏錢的概率很低,卻依然不停下注。理智上知道後果,感情上卻無法承認。

我勸她:「朵朵,放棄並不是認輸,而是及時止損。一直堅持錯誤的選擇才會讓別人笑話,讓人覺得妳是一個輸不起的人。」

Chapter 2

越是這種時候,妳越要開開心心、風風光光地過自己的小日子,讓那個人看了後悔,妳也能漂漂亮亮地找新人。」

朵朵深深地嘆了一口氣,「道理我都知道,但情緒陷在裡面,一時半會兒很難走出來。」

我立刻拿出化妝包,「走,我幫妳。」

給朵朵畫了一個特別漂亮的妝容,又挑了一襲漂亮的長裙之後,我便拉著她去逛街,「買買買」永遠都是治癒女人心靈的最佳途徑,此言不假,朵朵的心情好了很多,然後我又拉著她去了籃球館。

朵朵很不好意思,「我不會打籃球,還穿著裙子,去籃球館幹什麼啊?」

我微微一笑,「有人說受了情傷的女人要透過荷爾蒙來治癒的,籃球館便是充斥著荷爾蒙的地方。」

朵朵聽了更不願意去了,「我現在還沒有做好面對新感情的準備。」

「不是讓妳談戀愛,是讓妳好好反省一下,自己之前錯的有多麼離譜。」

我硬是將她拽了去,朵朵一開始表情還不是很自然,但漸漸

地還是被現場氣氛感染了，跟著大家一起喊加油。

在我們要離開的時候，美麗大方的朵朵被好幾個男孩搭訕，並且交換聯絡方式，歡迎她以後再來。

之後幾天，沒有我拉著朵朵，她也會自己出去玩了，笑容重新回到她的臉上。

「妳看吧！有時候妳只是害怕做出改變而已，但是改變之後妳會發現，改變之後的生活比原來想要堅持的要好很多。一開始的確會自我懷疑，是不是之前的堅持都毫無意義？但是只要你的生活足夠精采，這點懷疑毫無意義，因為那都是過去的事情了。」

這回朵朵沒有再懷疑我說的話，而是深有同感地點了點頭。

一直都有人來找我諮詢感情上的問題，不管是男孩子還是女孩子，都曾在各自最青春年少時經歷過被愛與被拋棄的迷茫。我不是一個萬能的人，給出的建議無非就兩種：如果是正確的路，可以解決的矛盾，那就堅持；如果連自己都覺得是錯的，那就趁早放棄。

讀者魯魯曾給我留言，說他與女朋友的感情遇上了冰山，想

Chapter 2

要直接撞上去,大家一起頭破血流,但又捨不得幾年的感情。雙方父母意見不合,他已經盡了最大的努力,依舊無法得到女友父母的認可。

吵也吵過,鬧也鬧過,現在剩下的就只是精疲力竭了。感情美好的一面早已被消磨得一乾二淨了,雞零狗碎的事情讓魯魯覺得自己快堅持不住了,他不想辜負女友,但是他的心卻在慢慢走遠,每天能不看到女友,反而成了他最幸福的事情。

我跟他說:「既然你已經試過了所有可行的辦法,那就放手吧!這樣對你和女朋友都好。戀愛可以自由,結婚則需要考慮到方方面面的事情,在這件事情上誰都不可能任性。」

魯魯有些不理解地說:「妳真的有認真地聽過我的煩惱嗎?感覺妳就是輕飄飄地讓我們分手,妳都看不見我們的感情有多深。」

我說:「就是因為知道你們感情深,才讓你們在還有感情的時候放過彼此。不妨想像一下,你堅持下去,有成功的可能嗎?有意義嗎?如果只是無所謂的掙扎,那就不要再自欺欺人,成全你女朋友,也成全你自己。」

魯魯默然無語,許久才說:「我料到了結局,卻心懷僥倖,

以為多堅持一下,就可以有不一樣的結局。可是如果堅持有用的話,我們早就結婚了,我也不必來你這裡求助,我不想等到有一天我堅持不住了,再說這樣的喪氣話,我想現在就停下了。」

當堅持成了雞肋,食之無味、棄之可惜,總是讓人覺得難以取捨,需要讓人從旁提醒,才能徹底放手。

魯魯最終還是和女友分手了,這讓他消沉了一段時間,好在最後他還是慢慢恢復了過來,認識了現在的未婚妻,今年五月,他們準備要結婚了。

「還好及時放手了,不然不知道會傷害彼此多深,又不知道會錯過多少合適的人?」

現在的「雞湯」最為失敗的一點,可能就是教大家去堅持不懈,去執著追求,卻很少有人告訴你「好的,到這裡就已經很好了,雖然這個結果依舊不是你想要的,但是已不需要堅持下去了」。

終有一天,我們會明白,**不是所有的付出都會有回報,也不是只要堅持,事情就能夠有一個好的結局。**

堅持或許是一個美好的品質,卻不是一個需要我們永遠貫徹的理念,它的存在需要伴隨著我們敢於取捨的決心。在該堅持的

Chapter 2

時候咬牙堅持,在該放棄的時候瀟灑放棄,才是最正確成熟的心態。

你還在一件事上苦苦堅持嗎?有毅力很好,但事業和感情的成功,需要的往往不僅是毅力,更重要的是方向正確。不妨停下來先想一想,這是你想走的路嗎?這是有結果的路嗎?這是正確的路嗎?回答完這三個問題,想必你也知道自己心中的答案了。

願你所堅持的事情終能得到回報,更願你所堅持的是你該堅持的,是你想堅持的。大約只有這樣,我們所期待的「付出終有所穫」才能實現吧!

沒有一步登天的成功，
只有數十年如一日的堅持

　　不知道從什麼時候開始，「出名要趁早」、「再不暴富你就老了」這樣的理念在大眾的觀念中普及起來，大家都熱衷於談「速成」、「短期高收穫」，對那種需要花很長時間才能獲得收穫的事情嗤之以鼻，覺得是浪費時間、吃力不討好的事情。

　　於是一系列的培訓班應運而生，什麼「七天教你用PS」、「30天JAVA編程速成」、「五天成為行銷小達人」，你想要學什麼就能幫你速成什麼。不少人興匆匆地報了名，可是上完課回來，卻發現頭腦空空，人家的確教了那麼多內容，可是被自己消化的卻只有一丁點，或者是壓根沒有理解。

　　有一句話火遍了大江南北：「聽過很多道理，卻仍然過不好這一生。」我覺得也可以這樣說，「上過了很多速成班，卻依舊

Chapter 2

無法像廣告說的那樣一夜速成。」

其實這些廣告放在以前,稍微理智一些的人都不會相信,可是在時代趨勢的裹挾下,大家明明花錢買了教訓,卻依舊在這條速成的道路上前仆後繼,害怕自己錯過了某一次,就錯過了快速成名、一夜暴富的機會。

浮躁的世情下潛伏的是浮躁的人心,以前幾乎可以一眼識破的騙局,如今卻好像如果有誰不抱著這樣的期待,就是一個天大的傻子,「老實」成為一個不是褒義的詞語,稱讚一個人「腳踏實地」彷彿也暗含貶義似的。

阿政是一個待業青年,上一份工作是做金屬焊接。家裡人一直催他找工作,阿政總是不耐煩的說:「你們的目光太短淺了,我現在能找到什麼好工作嗎?我現在最重要的是提升我自己,然後找一份更好的工作。」

他知道很多人逆襲人生的故事,深信自己也會是其中的一員。他一直有些責怪家裡之前沒有讓他繼續學習,導致他的起點太低。同樣的,阿政是各種學習班的忠實粉絲,即便自己沒有多少存款,卻依舊不願意錯過各類培訓班,萬般無奈之下只好跟家裡伸手,雖然打著「為了學習」的口號,但是和啃老族在本質上

沒什麼區別。

我跟阿政說：「你現在等著一個又一個所謂的改頭換面的機會，可是這樣的餡餅不會突然砸在你的臉上。可是你也發現，沒有相應的實力，等到機會的概率很小，於是你冀望於那些補習班，期待那種類似於灌頂的神奇事情發生在你身上，但實際上什麼都沒有，不是嗎？」

阿政嗯哼一聲，悶悶地說：「不是這樣的，這些培訓班肯定是有用的。」

「先不管別人身上有沒有用，就先說說你自己，學到什麼了嗎？」

阿政回答不上來，有沒有效果他自己最清楚。他之前沒學過任何程式語言和數學邏輯方面的知識，上課時聽得雲裡霧裡，只懂得了一些差不多大家都會的基礎操作……看起來是有進步的，可是這個作用跟他想要的比起來實在差太多了。

「我不是要阻止你進修，而是覺得連最基本的問題都沒有解決，就談一步到位，有點不切實際。你的經歷在告訴你，想像中的成功要發生的可能性很小，自欺欺人效果也不大。別老想著那些不切實際的成功學，你現在首先要做的是養活自己，先去找一

份工作,如果想提升自己的能力,不如先找與工作相關的培訓班。」

比如阿政之前是做金屬焊接的,他只會操作,只能擔任一線員工,但是如果補充一些理論知識,再配合他的熟練操作,還是有很多工作機會等著他,畢竟藍領也是很好的職業規劃。

從最熟悉的領域做起,掌握起來輕鬆很多,還能保障自己最基本的生活水準,何樂而不為呢?

阿政其實很清楚自己現在的處境,被我直言勸說幾句之後,不得不承認,「妳說得對,我只是抱著僥倖心理而已,就像期待天上掉餡餅一樣。我是該換一種生活方式了。」

迷信一步登天,其實就是一種怠惰的心理,既然可以輕鬆獲得成功,為什麼還有那麼多人要努力呢?大家都不是傻子,這筆帳該怎麼算可以說是一目了然。

正是因為在常態之下,沒有一步登天的成功,所以還有很多「傻子」在堅持走最遠最辛苦的路,說到底就是不切實際的空想。

我不清楚像這樣的短期速成班到底成就了多少人,也不是想要一味反對這種機制。在人們的短期空閒之中提升一下自己,這

沒什麼不好的，就像是多一種學習的途徑。但如果將之視為人生成功的靈丹妙藥，他們可能會大失所望，甚至懷疑自己的人生。

　　為什麼別人就能夠輕而易舉地成功？而自己卻要過著普普通通的生活？這太不公平了！

　　事實是，這些都是最公平的，那些你以為一夜成名的人，在你看不到的光鮮背後，他們正默默地積累著、堅持著，等待著厚積薄發。**時間讓他們的力量得以發酵，讓他們變成更強大的人。**

　　露西是一個英語培訓班的明星老師，帶出不少優秀學員，她很多學生都是從零開始接觸英語，不管是在家長或學生之間，她的口碑都很好。即便如此，她也跟我吐槽過很多恨不得「一步登天」的例子。

　　有個家長衝著她明星老師的光環將孩子送來，這個學生挺乖巧的，學習能力也很強，進步空間很大。結果不到半個學期，學校期中考試，孩子沒考好，家長就特別緊張地問：「老師，他這個成績還有沒有可以提升的辦法？平時妳總說他表現還不錯，怎麼會考成這個樣子呢？」

　　露西特別無奈，孩子的學習能力強是事實，但之前基礎太差

也是事實，語言學習本來就是一個長期的過程，不到半個學期的時間能考出現在的成績，已經很不錯了。

露西實話實說：「才半個學期，每個星期三個小時的時間，我做不到讓你的孩子直接從六十分提升到九十分，如果我能做到，那我也不會站在這裡教學了！抱有期待值和目標感是好事，來培訓班的目的當然是希望孩子能夠有進步，可是如果目標值太高，你會失望，對孩子來說壓力也會太大。你的期待應該是我們一起努力能夠達成的東西。」

透過一次考試來定輸贏，未免也太片面了！露西覺得是孩子沒有發揮好，但如果是在家長的壓力下，導致考試心態失衡，那麼一切都可以理解了。當想要成功的心態是建立在不想付出太多努力的前提下，很容易就會導致情緒崩潰，得到的與想像的不成正比，覺得生活欺騙了自己。

但生活是最為平實的，它深入到你每天所做的一點一滴，它知道你所積累的與放棄的，它是最公平無私的見證者，如果付出的不是它所認可的程度，它就不會給你相應的回報。

露西說很多家長覺得培訓班的存在就是一種速成的成功方式，甚至有些老師也這麼認為，覺得只要來教課，就能以最輕鬆

的方式拿到高薪。結果很快的他們就發現，這和他們想像中的不太一樣，最後失望離開。

露西現在的薪資的確比不少白領高出許多，但她絕不會告訴任何一個人說這是一份輕鬆的工作。不是為了減少自己的競爭對手，她只是想陳述一個事實而已。

在大家都看不到的時候，她在備課、磨課、過課、練課，從教案到教具，每一樣東西都需要她細心去準備。「臺上三分鐘，臺下十年功」這句話就是她的真實寫照。

而且也不是課上完就結束了，她還要和學生溝通，和家長溝通，了解學生的學習情況和心理狀態，下班了，家長一個電話打來，她可能還要給學生進行一下視頻講解。

露西不一定比別人厲害，但是她花的時間一定比別人都多，如此才成就了現在的她。雖然身上貼著明星老師的標籤，但她從來沒有在教學這件事情上鬆懈過。

「妳看，連我都不是一個速成的『明星老師』，我怎麼可能有這個能耐去教會學生一步登天的本事呢？」

每個仰望星空的人，腳上踩著的都是最堅實不過的土地。有一個堅實的人生目標非常重要，但千萬別把它當成是自己逃避現

實的理由,它永遠也不是你自欺欺人的藉口。別害怕被人當成「傻子」,因為我看到的很多成功,都來自那些「傻子」的一步一個腳印。

千萬別冀望於「天降餡餅」,而是要把成功的可能性把握在自己手中。也**不要畏懼那些默默積累的日子太過艱苦,當有一天你回頭去看,會發現那些揮灑過汗與淚的日子,都在熠熠發光。**

那些實現自由的人，
都有你想不到的自律

全世界的人，除了自由職業者之外，大多都有嚮往自由生活的念頭。在大部分人的眼裡，自由職業者的生活是這樣的：喝喝茶、曬曬太陽，偶爾抽空敲敲電腦，脫離了朝九晚五，不用在上下班高峰你推我擠，歲月靜好，一年中有半年在旅行、曬照片，生活有滋有味。

於是很多人迫不及待想要投奔自由業，但也很多抱著這種想法的人，最終還是乖乖回去上班。

朋友傑森就是其中一個。他本身是個遊戲策劃師，不只朝九晚五，加班熬夜更是常態。雖然公司的發展前景不錯，但顯然沒能留住傑森的心，存了一點錢之後，他便辭職做了漫畫腳本作者，如願在家工作。

Chapter 2

　　剛開始那段時間,一切都像夢想照進了現實似的,傑森規劃好自己在家之後的生活,每天寫半話以上的劇情,寫得多就是存糧,剩下的時間就去健身、休閒,每天都有大把的時間去做自己想做的事情。

　　半個月後,漫畫的進度只有兩話,與之前規劃好每個月交稿十話以上有很大的差距。傑森有些慌了,不過他還是安慰自己:「沒關係,按照每天半話的速度,這兩天再爆發一下,還是做得到的。」

　　還剩十天時,傑森繼續安慰自己:「不慌,每天爆肝一話,還是能交稿。」

　　還剩五天時,傑森又說:「不睡覺了!一定能趕上的!」

　　最後兩天,傑森幾乎沒有睡覺,竭盡所能地趕寫腳本,卻依舊沒能將約定好的腳本交上去。

　　接下來的幾個月,他先是賭咒發誓一定會盡快完成任務,然後又覺得作為自由職業者,自己有大把的時間可以支配,不用把自己逼得太緊,最後的結果與之前如出一轍,彷彿陷入一種可怕的惡性循環。

　　維持了半年左右的時間,傑森的存款告急,便灰溜溜地開始

投簡歷、找工作了。

　　他找工作那段時間我正好去了他家一趟，被他的狀態嚇了一跳：客廳裡堆著許多外賣盒，有些已經開始散發出異味，他本人則是一臉鬍碴，眼眶黑青，一副精疲力竭的樣貌。這個狀態，簡直就是失意青年的完美寫照，讓人忍不住想要探索一下這到底是道德的淪喪還是人性的泯滅⋯⋯

　　有工作的時候，傑森經常加班，也沒見他糟糕成這樣，以前挺精神的小夥子，怎麼會變成這樣呢？

　　傑森有太多的苦水想倒：「我也不知道事情怎麼會變成這樣，這跟我想像中的自由業一點兒都不一樣。我以為我有時間做飯了，結果吃了更多的外賣；我以為我會過上愜意的生活，結果比上班的時候還要心力交瘁。」

　　錢沒有賺多少，生活也沒有享受到，倒更像是花錢受苦來了。

　　我毫不客氣地對他說：「那是因為你一開始想的不是自由業，而是養老生活。你的設定錯了，行動錯了，落差當然就出現了。」

　　「可是那些自由業的人不都這麼閒適的嗎？」傑森有些不服

Chapter 2

氣,他的朋友中也有做自由職業者的,小日子過得挺滋潤的。

「那是因為你只理解了自由,卻沒有理解其中自律的深意。你看到的只有表面上的閒適,可是他們背後的緊張感,你可曾感知到過?」

別忘了,自由業依舊是職業,用隨心所欲的態度來對待,徹底放飛自我,等醒悟過來,只會發現自己好像被生活放飛了。

在傑森覺得自由業很舒服,可以睡個懶覺的時候,真正的自由職業者早已吃完早餐開始工作了;在傑森覺得時間很充裕,可以慢慢來的時候,他們的進度條已經超過一半;在傑森還在茫然焦慮的時候,他們已經完成當前的工作,安排接下來的時間了。

然而不止傑森,很多人都和傑森的心態相似,一邊無所事事,有大把的時間可以浪費,一邊卻被焦慮和危機感折磨。這不叫自由業,而是在不該安享晚年的時候選擇養老,所以便產生了巨大的矛盾。

我之前正好去了解過一個全職作者的日常生活,他是兩兩,每年他都會有不少於十次的旅行、簽售等活動,他的朋友圈滿滿的都是美食與風景,其次是健身英姿。

他似乎過上了無數人想要的生活,可是問他的感受,他卻

說：「如果我有別的一技之長，我應該不會把自己的愛好發展成職業。」

在外人覺得光鮮的背後，是他沒有大肆宣揚的自律。每個月兩兩都給自己規定目標字數，並且分攤到每一天，沒有完成任務就不休息，因此在飛機上、酒店中，都能看到他打字的身影。

如果你只看到他的享受，那就大錯特錯了。兩兩說：「有時候我自己都覺得，這哪裡是旅行，根本就是換一個地方工作。」

你以為他每天娛樂生活豐富，實際上人家是在收集寫作素材和靈感；你以為他可以隨便發呆浪費大把的時間，其實他是在構思下一本小說的內容……

自由職業者真的比朝九晚五的上班族輕鬆嗎？還真的不一定。

當一個普通的上班族，到了時間打卡下班，一切看著都很規律。自由職業者就像創業一樣，如果連自己都不懂得約束自己的話，距離虧本也就不遠了。

所以，很多自由職業者都像創業一樣在打拼，他們不是在為別人工作，而是在為自己工作，這意味著如果無法完成一定的工作量，根本沒辦法休息。

Chapter 2

一個全年都在約片的自由攝影師曾調侃說:「如果你想要一份全年無休的工作,歡迎加入自由職業者的大家庭,地球不爆炸,我們不放假。」

雖然說得誇張了一些,但也道盡了自由職業者的酸甜苦辣。別人放假的時候,正好是他們工作最多的時候,自由職業者沒有偷得浮生半日閒這個選項,因為那是昧著良心浪費時間的做法,焦慮的緊箍咒會讓他們瞬間敗下陣來。

不過,如果你就此對自由業望而生畏,興趣大減,這不是我寫這篇文章的目的,你也沒理解自由業的精髓。

就像我問兩兩:「既然當作家這麼痛苦,還是出去找個工作吧?」

兩兩大驚失色,連連擺手。焦慮一般出現於沒入門的新手中,到了他這個層次,精神狀態飽滿,哪裡會像傑森一樣把自己折騰得那麼慘?

每天的自律已經成了習慣,刻在了骨子裡,沒有上班的束縛,他反而比上班更注意遵守時程。只要完成任務,他就可以去做自己喜歡的事情,去交自己喜歡的朋友,生活沒有喪失基本的緊張感,卻也不至於被工作佔據所有的時間,讓生活變成緊巴巴的。

適當的壓力，適度的閒適，這才是自由職業者應該有的樣子。它之所以不輕鬆，是因為它有門檻——它不淘汰智商普通的人，也不淘汰特長不多的人，偏偏淘汰「懶癌晚期」的人。

經常有人抱怨：「不是我不做飯，是沒時間，要是有時間我肯定自己做」、「不是我不讀書，是沒時間……」如果把做飯、讀書換成其他的事情，比如每天背幾個單詞、跟好朋友聚一聚，我覺得還是可行的。

不會利用時間的人，真的賦閒在家時，依然會覺得時間不夠用，不知道時間都去哪裡了？怎麼手忙腳亂的，一天就過去了呢？

自由職業者，因為太自由，所以學會了給自己設限。

當你發現自己平時上班都無法合理規劃時間時，那麼在走上自由業之前，千萬要三思而後行。你可能不知道，那些自律的人在朝九晚五的日常中，都能把時間安排得滿滿的，學習、提升自我、抽出年假去旅行……

活得不自由，不能怪工作，你只能承認：自律的人，不管做什麼職業都比你自由；在你還以為自律是嚴謹刻板的代名詞，人家早已比你活得更瀟灑。

Chapter 2

你不是全能王，
別對自己太苛刻

　　有一個女孩，我們姑且稱她為「完美小姐」，「完美小姐」出身書香門第，從小爸爸媽媽就把她往淑女的方向培養，從禮儀、成績、品德到才藝，處處對她要求嚴格。小時候她覺得很累，哭鬧著不想學，爸爸媽媽就帶她去看那些生活艱辛的人，「趁妳有機會學習的時候一定要把握住機會，否則長大以後，很可能就這樣艱辛生活著。」

　　「完美小姐」被嚇到了，後來都不需要爸爸媽媽的特意要求，她自己就能完成。當同齡人正美滋滋地享受有寒暑假的童年時，「完美小姐」都在練鋼琴、練舞蹈、練書法。

　　付出總是有回報的，學生時代，她每一年都是模範生，文藝表演也少不了她的身影，一路從校花到女神，「完美小姐」總是

保持著最完美的笑容和最優雅的姿態,收到的全都是羨慕和欣賞的眼神。

太受歡迎的女生可能會被同性排擠,但在她身上完全沒有這樣的情況。無論哪個方面她都做得無可挑剔,讓人無話可說,別的女孩子都恨不得能夠成為她,走到哪裡都是焦點和中心。

「完美小姐」也沒少收到過情書和各類小禮物,早戀在她這樣的家庭裡當然是被禁止的,她會把每一份禮物都完好無損地退回去,直接拒絕對方,卻也盡量不傷害到對方的心。這就是她的涵養,她當然不會在這種小事上失分。

工作之後,「完美小姐」更不願被人看輕,她想進最好的公司,也想保持最好的水平,習慣了當優秀的人,她最不能容忍的就是變得平庸。

平時朋友們有什麼事情,第一個想到的就是她,因為她總會有辦法解決。

看起來一切都很完美,她就是典型的人生贏家,在屬於公主的城堡裡巡視著自己的領地。很少有人知道,在她燦爛笑容的背後,到底流了多少痛苦的淚水。

是的,「完美小姐」一點都不開心,她經常覺得自己就在崩

潰的邊緣,「我一直想讓自己成為最好的那個,不管是什麼話題,我都希望能夠參與。可是我會得越多的,越發現自己還有很多不懂的,這些壓力壓得我喘不過氣來,讓我開始懷疑自己的能力。」

別人稱她為「完美小姐」,但她自己從來不覺得「完美」是她已經擁有的東西,這是一座大山,隨著年齡的增長而越來越重,是她生命的不可承受之重。

別人遇到問題可以找她,但她自己遇到問題,只能憋在心裡,因為她已經習慣塑造無所不能的形象。長久積累的壓力,令她常常有厭世的想法。

我告訴她:「妳習慣去當最優秀的那個,但人的精力畢竟是有限的,無法做到兼顧一切。不要太在意這個頭銜,妳想想看,自己真正想做的是什麼?不管是什麼事情,都要立刻去做!當然,我指的是完美之外的事情。」

「完美小姐」猶豫了很久,才掙扎地說:「我讀書的時候特別想談一場轟轟烈烈的戀愛,而我現在想當一個普通的老師。」

「現在還來得及,對象到處都有,妳也有教師資格證,只要去應聘一定會上!」

「完美小姐」不說話了。

我知道她的顧慮在哪裡。對「完美小姐」來說，對象肯定要精挑細選，帶出去不丟她的臉面才行；工作也是一樣，不是看不起老師，而是老師對「完美小姐」來說太普通了，跟她以往的形象不合，不知道有多少人等著看她笑話呢！

我鼓勵她：「這次不要被完美的指令支配，偶爾去做一些看似不完美的事情，妳會發現，不完美沒有想像中那麼糟糕，不完美不意味著妳不能過上幸福的生活，人生總是要學會放棄一些東西。」

「完美小姐」沒有馬上做決定，但後來職場中發生了讓她比較難以忍受的事情，她真的辭了職，褪去一身的光鮮，去一所偏鄉小學當語文老師。

剛開始的確有很多人覺得不可思議，以為她受了什麼刺激，還有人說：「她一個小公主，哪裡受得了鄉下的環境呢？」

「完美小姐」跑到偏鄉去，一部分原因也是不想聽到這些是是非非的聲音。過了一段時間，她的確有回來過，但不是像別人想像中的灰頭土臉，而是挽著男朋友的手，一臉幸福。

她的男友不是別人想像中的高富帥，而是同一所小學的體育

Chapter 2

老師,高大挺拔,對她十分體貼。在男友面前,她不需要掩飾自己的本性,她會生氣、會撒嬌,他都一一包容。

老師的工作跟她想像中有很大的區別,但是她確實很喜歡那種不被重壓逼迫的生活。

「誰喜歡當『完美小姐』就讓她去當吧!反正我再也不要成為那樣的人了。」回來之後,她一臉輕鬆地說,不再苛求自己臉上一定要有完美的笑容,當然也看不到之前隱藏在完美笑容下的陰霾了。

我很高興,她在褪去了光環之後,同樣褪去了所謂「完美」的枷鎖。

對自己要求高是好事,這樣才能保持進步的狀態;但若對自己太苛刻,那就是主動地把幸福推開。

「欲戴皇冠,必承其重」──這句話並非是在鼓勵妳承受壓力,變得更好,而是在告訴妳,當壓力過大的時候,不妨將頭頂的皇冠放下來休息一下。

當公主很美好,但不代表當個普通人就會被人嘲笑。正好相反,普通人的簡單與輕鬆,會是讓妳沉迷的感受。

朋友K曾經也很嚮往全能王的生活,「那樣會覺得自己很厲害,會有很強的成就感。」他什麼都會去學一點,結果發現大部分東西,他都學不好。

以前K也是挺優秀的一個人,所以才會那麼自信地想要挑戰當「全能王」,但是學習成果一出來,便讓他產生了一些自我懷疑:「我以前是不是把自己想像得太厲害了?」

K是一個不信邪的人,越是困難,他越是要去挑戰一下,好重新樹立自己的信心。過了一段時間之後,他精神萎靡地出現在我的面前,不太自信地說:「現在我明白了,我真的什麼事情都做不好,太讓人挫敗了。」

我們幾個關係很好的朋友毫不客氣地笑了起來,「不同的人擅長的東西不一樣,那些先賢都沒敢做這樣的事情,你這也太不自量力了吧!」

K有些不服氣地說:「但現在流行的不就是『斜槓青年』嗎?如果不多掌握幾個技巧,怎麼能成強者!」

「誰說多點亮幾個技巧就是要你什麼都去學?你這也太天真了吧!『斜槓青年』可不是這麼當的,『斜槓青年』是指以幾個自己喜歡的業餘愛好為『第二技能』,把自己逼成全能王,除了

Chapter 2

累死之外可能什麼收穫都沒有。」有人立刻這麼吐槽K。

K反思了一下自己這次努力的收穫,好像的確是這樣。以前的他付出這麼多努力做某件事的時候,早就有一定成績了,但這次好像完全沒有,反而把自己折騰得很慘。而他學習到的那些技能,其實平時根本用不到,只是聽別人說嘴便想嘗試一下。

「你現在醒悟還算是早的,及時糾正自己還來得及,別再去想那些浪費時間的事情了,相信我,全能王不如所謂的專精王。」一個朋友這樣勸他。

這個朋友正好就是某領域的「大牛」,他總是將這樣一句話掛在嘴邊,「除了這個我什麼都不會了。」

事實的確如此,除了他專長的東西,他對別的事情都不太關心,畢竟就這麼一個技能,就足以讓他得到一輩子的榮譽了!成為全能王?他從來沒想過,成為一個領域的頂尖選手不代表在其他領域就吃得開,就這麼一個專精,就已經花去他所有的時間和精力了。

大多數生活在如今這個時代的年輕人,總想著要多備上幾種能力,以防不時之需。可是這麼苛求自己,卻沒能得到想像中的收穫,本該專長的那個技能也被荒廢了,魚與熊掌都沒有得到,

83

這才是最虧的呢！

　　人的一生有限，所以才會有「捨得」這個詞，放棄一些不必要的技能，專攻你擅長的、你喜歡的並且想要發展的，有捨才有得，成為不了全能王也沒什麼不好意思的！

　　正如人類進化、世事變遷，也都是捨棄一些、得到一些。別給自己施加沒必要的壓力，不是全能王的你才可能在某一個領域裡更加優秀。

Chapter 2

你控制不了生活，
但可以控制對生活的態度

不知道是不是所有人都會經歷一段怨艾的時光——覺得生活中處處不如意，覺得自己的人生糟糕透頂——雖然很多認識我的人，都覺得我是一個積極樂觀的人，但我真的曾經有過這樣的時光。

工作兩三年後，母親給我安排了相親，她說：「女孩子再怎麼厲害，將來也要結婚。」

我一向不怎麼喜歡這種論調，正要反駁，她又說了：「妳自己想想看，在外面說是打拼了幾年，有什麼錢存下來沒有？也沒覺得妳比樓下那個早早結婚的姑娘過得更好一些。」

於是我回頭審視了一下自己的生活，發現自己好像真的一無所有。

85

那段時間我正好與前男友分手，工作很忙，連最好的朋友都沒有多少時間聯繫，更顧不上開始一段新的感情了。有時候專案忙的時候，加班更是家常便飯，常常因為管理不好自己的作息時間，導致心力交瘁。

　　雖然月薪不低，但是在外面租房、吃飯加上穿衣打扮的開銷，一年算下來根本存不到什麼錢，每到年底都是靠著年終獎金維持著一點回鄉的體面。

　　那時「櫻桃自由」這個說法正紅，也算是當時的我的真實寫照。如果是必要開銷，避免不了也不能吝嗇；但櫻桃只是水果，再怎麼喜歡吃，想想那個價格，就買不下手，恨不得能買一顆是一顆。

　　距離「櫻桃自由」還早得很的我，在媽媽的「火眼金睛」面前，自然不敢大言不慚地說自己過得很好。

　　樓下那個比我早結婚的姑娘，高中成績不怎麼好，大學讀了一半就結婚了，現在孩子都能去雜貨店買醬油了！一個全職太太，妝容精緻，保養得宜，不知道從什麼時候開始，家長們從說「不要跟她學」變成「跟她多學學」。

　　我和她的人生評價好似突然變換似的，如果我能夠覺得自己

過得比她好,我肯定不會如此迷茫。問題就是連我自己都覺得越混越回去,這樣一對比,就忍不住懷疑起自己選擇的路:我是不是不該選擇這樣的生活?努力拼搏這麼久,還不是什麼都沒有?既然這個世界上有更輕鬆一點的活法,我們為什麼要辛辛苦苦地選擇更艱難的那條路走呢?

感覺是誰都能做對的選擇題,但是每個人都把自己的人生過成了不同的模樣。

母親勸我:「乾脆把現在的工作辭了,回老家好了,隨便找個穩定點的工作,開支也不大,說不定還能存下一點錢。」

剝開生活表面的光鮮,就知道自己過得有多麼糟糕了!我既焦慮又迷茫,卻又不敢直接跟母親說,只能應付著說:「我考慮一下。」

是留在大城市一無所有,還是回老家結婚生子、穩定地過完這輩子?我躺在床上輾轉反側。不管是左邊還是右邊,都有我想選而不能選的理由。

過完年之後,我還是回到原本工作的地方,但這個問題帶給我的困惑卻如影隨形,心情鬱悶,連工作的時候也提不起興致,甚至連最喜歡的美食都沒有什麼胃口。我知道這樣不行,但是心

裡的那一關過不去,就沒辦法恢復正常的狀態。

渾渾噩噩了一段時間,身邊有不少人來關心我,「怎麼突然變成這樣了?是不是生活中遇到了什麼過不去的坎?妳說出來大家才好幫忙。」

在大家的關懷中,我驟然清醒。在這個陌生的城市裡自己什麼都沒有得到,顯然是不對的。我在這裡奮鬥兩年多,辛苦是真的,可是我也沒少從中得到快樂。專案完成,那種成就感不是一份平淡且無波瀾的工作能夠帶給我的,租的房子或許不是最好的,可是回到自己的小屋裡能完全放鬆,不用像許多人一樣,居無定所,顛沛流離,思考自己的下一站在哪裡。

雖然我的情感生活匱乏,沒有時間去花前月下,但無聊的時候,依舊可以約三兩好友出來聚個餐,城市之大,肯定有我的容身之地,肯定會給予我些許的溫暖和善意。我可以在想說愛的時候愛,想說恨的時候恨,不用像相親一樣按部就班,把一切都安排得明明白白。

有的人的人生是一眼就能看到頭的,我打從心裡不想要這樣的生活,我覺得我的人生應該在轉彎處充滿種種意外。生活有起伏,其中的血肉才能充沛起來,城市中的所有浪漫便是由這些意

Chapter 2

外而造就的。

這是我自己選擇的人生，這也是我樂在其中的根本原因，怎麼能夠因為別人的一點懷疑就突然迷失了呢？

我打電話回家，拒絕了母親的種種安排：「我在這邊挺好的，妳就放心吧！人家的小日子可以過得風生水起，我也不比他們差到哪裡去。」

當時的我，不知道未來在何處，升職加薪也都還是未知數，未來的日子會變得更好還是會變得更糟，我也不清楚；可是調整好心態之後，自然就有了相應的心理準備，變好還是變壞，都是人生的歷程之一，笑對生活，才能從雞毛蒜皮中找到生活的樂趣。

前段時間正好有個叫笑笑的女孩向我請教該怎麼搞定眼前的生活。她學的專業是化學，因為她自己對化學比較感興趣，畢業之後進了一家實驗室，才半年而已便覺得自己好像工作了十年似的，累得她都開始懷疑自己的初心了。她的確還在跟各種儀器打交道，可是公司在工業區，周邊荒涼，出去買點生活用品都困難重重。

她跟家裡抱怨了兩回之後，父母便催著她趕緊改行，「妳看看其他女孩子，哪有做這個的？妳這樣不是自討苦吃嗎？聽爸媽一句勸，趕緊把工作辭了回家來，哪份工作不比妳現在做的這個好？女孩子家跟化學試劑打交道久了，對身體也不好。」

　　笑笑對家裡抱怨這些事情，並不是想改行，只是想從父母那裡得到一點安慰。但現實卻告訴她，安慰是不可能有的，只會讓她產生對生活的更多懷疑。

　　「我也不知道是不是該放棄現在的工作了，他們說得對，我還是有點羨慕那些光鮮亮麗的工作。」

　　女孩子嘛，縱然喜歡待在實驗室裡，卻也同樣希望自己能夠在休閒的時間逛街、看電影、穿漂亮的衣服、畫好看的妝容。這份工作跟笑笑想像中的工作完全不同，簽合同的時候她以為自己得償所願，現在卻有了一種越來越嚴重的迷茫感。

　　同時，笑笑也很清楚，在市中心她不可能找到類似的工作，如果想要繁華，她需要捨棄的就是自己最熟悉的東西。

　　取捨就是這樣，就是因為各有利弊，才會讓人痛苦和糾結，也才會顯出生活的糟糕之處，看似將所有的主動權都交給了你，可是你仍然會覺得處處受限，無法得出兩全其美的方法。

Chapter 2

我告訴笑笑，**生活是搞不定的，但是作為一個人，也不要被生活給搞定了。**生活看似好意地給出很多選擇，但最終選擇的時候，卻越是糾結、越是什麼都得不到。

「我不能為妳做出選擇，因為這是妳自己的事情。不過我想給妳一個建議：立刻做出一個選擇！做出決定之後，就少一點猶豫，不管妳釋然了還是將來覺得後悔，妳都能知道自己的選擇是什麼了。想想看，妳比別人幸運很多，妳還年輕，有選擇的餘地，如果做錯了選擇，大不了從頭再來！」

沒過兩天，笑笑就給了我答覆：「我下定決心了，還是在原來的公司留一段時間，如果將來真的不喜歡了，再離開也來得及。之前一再糾結，想到的都是處處不如意的地方，清醒過來之後，才發現也沒有想的那麼糟糕，還是有快樂的時刻等待我去享受的。」

不到最後，永遠無法得知自己的選擇是對還是錯，可是笑笑不會後悔，因為對她來說，幸福的味道蓋過了苦澀，沒有丟掉自己的態度，就不會在生活中迷失。

比起游離不定、躊躇不前，還不如堅定本心，找回走上這條路的初心。

只要初心還在，終究能夠從看似糟糕的生活中找到值得留戀、回味的瞬間。

　　在人生的各個階段，總會有一些糟心的時期，讓你覺得此時的人生不盡如人意。不是你不夠堅定，而是你會忍不住去看，去對比，外面的風雨聲太大，便會自動忽視內心的聲音，軟弱是再正常不過的了。

　　只希望你不要迷失太長時間，生活的本質不是完美的，可是在不完美中找到幸福的味道，才是過日子的精髓。為了所謂的完美，丟失了幸福的時刻，這才真的是因小失大。

　　無論是在人生的頂峰還是低谷，都存在著不如意，別害怕它會將你的生活弄得一無是處，縱使戰勝不了它，你起碼要把握住自己，相信自己不管在什麼境遇裡都能找到自我，看見生活的閃光點，找回初心，也找到屬於自己的甜蜜。

CHAPTER 3

你盡力了,何必說自己運氣不好?

你不必如此圓滑

最近剛開始實習的鹿小姐非常苦惱,作為一個「草食系妹子」,她秉持的處世原則是:與人為善,大家自然也會用善意來回報你。結果這樣的態度,讓她在職場中打拼的時候差點撞得頭破血流。

因為是新人的緣故,組裡的前輩經常會把一些繁瑣的工作交到她手上,還說:「妳是高材生,這樣的事情應該難不倒你吧?」、「年輕人就要多鍛煉鍛煉,把資料好好整理一下反饋給我。」

鹿小姐有苦說不出,只能一一微笑應下。儘管這些工作,有些不屬於她的工作範圍,她根本就是一頭霧水,有些看起來很簡單,但做起來卻特別繁雜,需要花費不少時間;不過前輩們一句

Chapter 3

句勉勵的話壓下來，鹿小姐的性格本來就好，更無法拒絕了。

雖然要鹿小姐接下任務的時候，前輩們總是非常客氣地跟她說「謝謝」，但如果工作上出了什麼紕漏，他們就不是這麼客氣了：

「連這麼一點小事都做不好嗎？」

「果然現在的畢業生，是一屆不如一屆了。」

為了避免再出紕漏，鹿小姐不得不延長加班時間來完成工作，壓力大到爆炸。當然，鹿小姐還是相信，只要努力工作，與人為善，大家還是能夠看到她身上的優點，肯定她的工作能力。同期的實習生也知道她比較好說話，如果有無法完成的任務，就雙手合十拜託她：「拜託妳啦！我知道妳最好了。」

鹿小姐雖然明白這是在給自己增加負擔，不過要在這個社會上生存，情商也是非常重要的，如何學會與同事好好相處更是重中之重，儘管很為難，她還是同意下來，以免自己成為別人眼裡目中無人的那種人。

結果，遇到鹿小姐本人非常喜歡、同時也有自信做好的工作時，卻早早被其他同事搶走，「草食系」妹子也想要奮起一回，就說：「我對這塊真的挺了解的，請務必讓我參加這個專案！」

畢竟實習也是要打考評的,而且可能關係到鹿小姐最終到底能不能留在公司,她當然也要抓住時機展現一下自己的實力。

她的請求還是被駁回了,因為有前輩說:「妳擅長這個?可是妳之前的工作完成得都不怎麼樣,出錯率還挺高的。」

「而且鹿小姐妳不是挺忙的嗎?連前輩的專案也交給妳了,千萬不要好高騖遠,做好眼前的事情才是最重要的。」另外一個實習生這樣對她說。

所謂前輩的專案,其實原本應該是這位實習生的工作,卻被他拜託給了鹿小姐。

鹿小姐的臉憋得通紅,卻怎麼也說不出一句反駁的話來,於是專案的事情就這麼定下來了。可是鹿小姐的心裡卻委屈得要命,她的出錯率高,不就是因為之前經手的都不是自己擅長的專案嗎?連一個機會都不給她,要她怎麼展現自己的工作能力?她幫了同期的實習生那麼多,為什麼沒有人站出來幫她說話,反而落井下石呢?

她不知道,在那些前輩們看來,所有好的、壞的專案,大的、小的瑣事,都是給她的機會。她也忘記了,她跟其他實習生屬於競爭關係,她想要表現出自己優秀的一面,別人自然也想,

Chapter 3

競爭一個專案本來就是一個弱肉強食的過程。

更讓她感到糟心的是，她努力跟其他人打好關係，在別人看來，卻是一種心機，不但得不到安慰，反而在她最落魄的時候，只能聽到別人的竊笑聲。

「你知道嗎？就是我們組那個鹿小姐，特別不要臉，不管遇到哪個前輩，都想要巴上去，各種端茶倒水……自身能力不行，再怎麼賠笑又有什麼用呢？」

「那個人啊，我聽說過，這就是典型的偷雞不成蝕把米，最討厭這種明明心裡很討厭，臉上還要裝出一副笑容的人。」

「不然怎麼能夠被稱為心機呢？以後沒完成的任務都拜託她好了，反正她喜歡在大家面前塑造自己的好人形象，不會拒絕的。」

在茶水間聽到的這些話，讓鹿小姐的委屈達到了頂峰。不是說與人為善就可以收穫真正的朋友嗎？為什麼這些人一邊拜託她做事、一邊討厭她呢？

出人意料卻又在情理之中的是，在學成績優異的鹿小姐沒能留在那家公司，領導說，她的實踐能力不太行，還需要多歷練。反倒是成績不如她、沒有她那麼努力，甚至連性格都沒有她好的

實習生留了下來。

　　離開公司時,看到評價的鹿小姐終於忍不住爆發了!「別人留下來我都可以理解,為什麼留下來的是牛小姐?」

　　是的,牛小姐就是站在鹿小姐對立面的那種人,如果說鹿小姐是好說話的代表,那麼牛小姐就是不好說話的代表。

　　實習生多做一點事情似乎是約定俗成的,在鹿小姐看來也是理所當然的事情。進公司不久,就有前輩讓他們幫忙買飯,鹿小姐一口答應了下來,但是牛小姐卻說:「不好意思,我沒有時間,我的工作還沒有完成,前輩應該不希望因為幫您買飯而耽誤我的工作吧?」

　　那個前輩一時之間下不了台,這件事也成了公司的八卦之一,「果然是個愣頭青啊,這樣的人是會被穿小鞋的。」其實鹿小姐也是有那麼一點兒幸災樂禍,覺得這人太不會做人了。

　　不管遇到什麼麻煩,牛小姐的處理方法都非常直接,「不好意思,這個不屬於我的工作範疇,請您找更專業一點的人來解決吧」、「不好意思,我自己的事情還沒做完,沒有時間幫您。」

　　知道拿不相關的事情去找牛小姐幫忙的話,一定會被她拒

Chapter 3

絕，所以找她幫忙的人越來越少。搶案子的時候，牛小姐也是最積極的，說話的時候一點都不擔心得罪人，總喜歡拿別人的缺點來突出自己的優點，雖然案子是拿到手了，但是同期的實習生很少有喜歡她的。不過牛小姐自己就像沒看見別人的目光一樣，照樣把高跟鞋踩得格外俐落、自信。

但不得不承認的是，她的工作都完成得非常漂亮，出錯率極低，經手的專案跟前輩們相比也毫不遜色。這個時候，就算是那些看她不爽的人也只能說：「她的性格是不怎麼樣，但是工作能力沒話說，或許這就是有能力的人的特權吧！」

最後牛小姐留下來，無論別人有多麼不甘心，卻還是佩服的情緒居多。

面對一臉不敢置信的鹿小姐，牛小姐冷淡地說：「因為實習生只是處於一個考察期而已，妳連能不能留在這個公司都不確定，就開始經營自己的人脈，如果妳不能留在這裡，努力討好那些人又有什麼用呢？最重要的還是展示自己的實力。在處於不平等地位的時候就想著發展人脈，真是太傻、太天真了！」

等牛小姐確定留下來，實力也得到公司和同事的認可之後，自然有的是時間慢慢跟同事們相處。而鹿小姐還沒來得及展現自

99

己的實力，就迫不及待地表現自己「友善」的一面，最後也只能「友善」地讓掉轉正的機會。

我在學校念書時，老師之中有一位是研究型的教授，在給我們講他的研究成果時說：「做科研，就是要走自己的路，順便把別人的路也給走了。比如用某種稀有金屬材料做的實驗有了結果，就要把所有的稀有金屬都做一遍，這樣便能申請專利。科研競爭就是這麼殘酷，你當然可以溫柔以待，但是你對別人溫柔，就是對自己殘忍。」

如果不把這一系列的實驗都做完，可能你的成果就會落在別人身上，或者原本應該是你的專利，別人只是在你的基礎上完成了另外一個實驗，說不定就會與你共享一個專利，其中的利益牽扯，不是一兩句嘴上官司就能說清楚的事情，甚至會關係到幾百萬、幾千萬的利益。

你試圖跟別人擠在同一條路上，這樣的情況下哪裡還容得你良善？如果不努力的話，最終只會是你被對方給擠走。當你被擠走時，對方也許還會臉上掛著純良的笑容對你說：「既然你這麼好，那就讓給我吧！」

拜託，這個時候就別再考慮什麼「我這麼做會不會太咄咄逼

Chapter 3

人」了,也別想著什麼「多一個朋友多一條路」這樣的話,這個時候你應該什麼也別多想,先酣暢淋漓地拼一場,無論做什麼,總歸要建立在守住自己地盤的前提之上。

溫情的確是可以有的,不是要灌輸你「不應該與人為善」的觀念,只是想說,該競爭的時候,就該拿出人類原始的野性,因為你的對手不會因為你是「草食系」就將好處拱手相讓。

別為了圓滑而圓滑,結果滑掉了你的競爭力。

其實，
大多數人並不在意你

表妹是一個典型的乖乖女，一開始姨媽還覺得挺驕傲的，覺得她會成為優秀的孩子。不過時間久了，姨媽便有些發愁，因為表妹實在太乖了，不管做什麼事情都是循規蹈矩，姨媽只好囑咐我：「她這個性格要是出去上班肯定是要吃虧的，妳懂得多一點，幫我教教她。」

見到這個表妹是很久之前的事情了，她給我的印象是一個挺靦覥的小女生，乖巧本來就容易獲得別人的好感，我對她的印象很不錯，怎麼會讓姨媽這麼頭疼呢？

等再次見面深聊之後，我大概明白原因了。因為之前家裡管得太嚴，讓她成了一個一點錯都不敢犯的人。

不犯錯不是好事嗎？什麼時候成為一個缺點了？

Chapter 3

不犯錯大部分時候是好事，但若連犯錯都不敢，人就會變得畏畏縮縮、舉步維艱，就像表妹跟我抱怨的那樣——

「活著好累，要一直看著別人的眼神行事，都沒有自己的半點自由。我很害怕別人盯著我看，好像我穿反了衣服、褲子上破了一個洞、裙子走光了似的。」

同樣的，她需要對所有的人表達善意，把自己變成一個老好人，哪怕這個人她一點兒都不喜歡，因為她怕別人覺得她的善良是虛假的，怕別人對她指指點點的。比起出風頭，她更願意成為一個透明人，因為站在舞臺的最中心，她要是出了什麼糗，別人一眼就能看到了。

這個問題的確挺嚴重的，發展到後面，可能會成為「見光死」，也就是害怕跟別人打交道的社交恐懼症患者。

我問她：「以前發生過什麼事情，導致妳這麼害怕犯錯？」

表妹說起了她的一次經歷——

有些商場會在下雨天提供愛心雨傘，人們在用完之後再放回去。她拿過一次，因為很久沒去那家商場，就不記得放回去了。後來下雨，她繼續用那把愛心傘出門，結果正好聽到路上有人說道：

103

「現在有些人太沒有素質了，把商場的愛心傘當成自己的私人用傘。」

「就是啊，本來是應急用的，結果成了某些人貪小便宜的對象，真正要用傘的人無傘可用。」

表妹當時臉上火辣辣的，沒人指名道姓地說她，但她覺得他們就是在說她，被人在公共場合拿出來指指點點還是人生頭一遭，她低下頭，不敢看任何人的眼神，害怕其他人也在看她這個沒素質的人。

表妹不是那種貪小便宜的人，她從來都沒有將這把傘據為己有的念頭，她想要解釋，卻又覺得尷尬，只能手足無措的站在那裡，恨不得讓自己立刻隱形。

她用最快的速度將傘還了回去，但這件事帶給她的陰影卻久久無法揮去，那些路人肯定已經覺得她是那種愛佔便宜的「廉價女孩」，為此她好像連彌補的機會都沒有。

從此之後，她就開始了戰戰兢兢的生活，努力不犯錯，努力不被人注視，不想再體驗那種在公眾面前被指指點點的感覺。

我覺得，她的道德感和不自信已經成了她的枷鎖。如果不歸還愛心傘覺得不好意思，還回去就是了，但是她卻拿著一把放大

Chapter 3

鏡觀察自己的「錯誤」，無法原諒自己。

道德感強是一件好事，可是當這種道德感成了自我的束縛，就顯得很無用了，別人還沒來得及使用道德綁架的招數，你就自己先把自己給綁架了！

有人調侃人生有兩大錯覺——我可以的、那個人喜歡我。其實不妨再加上一條——有人在看我。

也許人家只是不帶任何感情地匆匆瞥了你一眼而已，看過之後都不曾在腦海裡激起半點水花，你卻因此而「自我傷懷」，就真的是自己給自己加戲了。

你對著空氣忐忑不已的時候，路過的人早就舒舒服服地過起自己的小日子了！

我問表妹：「妳能確定他們說的是妳嗎？」

表妹張嘴欲答，我先制止了她：「先別急著回答我，等我給妳分析一下。商場每次下雨天最少準備幾百把愛心傘，愛心傘上都有商場的LOGO，因為商場本身就知道愛心傘的回收率不會太高，就索性將這種傘當成免費廣告了。愛心傘的回收率如果達到10%都算是高的，也就是說，人家很可能是在討論這種現象，而不是針對妳正好拿著這把傘。至於商場就更不在乎了，他們已

105

經算好了成本,說不定還巴不得你們拿去用,廣告效果更好。」

表妹吞吞吐吐的說:「可是……」

「同樣的,做別的事情的時候,別人注視著妳的可能性就更小了,大家互相不認識,為什麼偏偏盯著妳的錯誤不放?做好妳自己想做、該做的事情就好了。再說了,就算妳努力想得到別人的關注,還不見得能得到呢!」

越在意別人的眼神,越會覺得別人是在看你。但事實上,大家都忙得很,上下班已經耗費太多的精力,連自己的朋友都未必想多關心一下,更別說是萍水相逢的路人甲了。

有的人想像力比較豐富,靠自己就腦補出了一部大戲,做錯了一點小事,就忍不住想:完了,別人不會以為我是一個如何如何的人吧!我接下來的人生該不會要帶著這樣的烙印過下去了吧……

停!

這明明只是一件誰都可能犯的小錯,到最後怎麼就變成人生的污點了呢?

哪有那麼嚴重!小錯是用來糾正的,不是用來念念不忘、懲罰自己的。

Chapter 3

小王是一個努力在職場上發光發熱的人，在很多場合都證明了自己的能力。但是在他的主管升職，他和另外一個同事競爭主管之位時，他本以為的萬無一失，卻遭遇了滑鐵盧。

於是，小王陷入了消沉的情緒，這是他距離升職加薪最近的一次，明明感覺目標近在咫尺了，竟然還是讓到嘴邊的肉被別人叼走了。

主管走之前特地找小王談心：「這次這個位置，我沒有選你，你知道為什麼嗎？」

小王興致不高地說：「其實我猜到了，因為上次我的一個疏忽，你一直對我不滿意，可是我努力改正了，這也不行嗎？還是說，只要做錯一件事，以後不管怎樣都會背著這個錯誤？」

小王說的失誤是他半年前犯下的，當時他主動提出一個與客戶合作的新方案，結果考慮不周，沒能及時發現方案中的一個漏洞，差點讓己方公司蒙受經濟損失，最後還是靠主管出面，才及時止損。

小王是對自己要求挺嚴格的一個人，這麼大的失誤，他不可能輕飄飄地放過，這件事一直存在他的腦海裡，每每要衝動行事的時候，他就會把這件事情翻出來提醒自己，成了他警醒自己的

一個重要工具。

他這麼努力,一部分原因也是希望能將功補過,不讓這個失誤成為職場的絆腳石。但現在看來,他犯下的每一個錯誤,主管和公司心裡都有一筆明帳,該清算的時候總會清算的。

小王嘴角露出一絲苦澀的笑容。看來以後做事要更小心謹慎,被誰抓住了把柄都不好。

沒想到主管卻告訴他:「你不能升職,可以說和那個失誤有關係,也可以說和那個失誤沒關係。我以前最欣賞你的就是,不管做什麼事情你都敢想敢做,有去嘗試的勇氣,你身上有年輕人的朝氣,為我們公司帶來不一樣的氣氛;但是自從那個失誤之後,你做事就開始瞻前顧後,失去原有的銳氣,也失去本身具有的優勢。在這種情況下,我要怎麼選擇你?」

小王愣了一下,喃喃道:「原來不是因為失誤,而是因為我太喜歡跟這個失誤過不去?」

主管點頭:「在公司這艘巨輪上,每天都有人在犯錯,只要不是直接改變公司航向的失誤,我們都可以迅速地收拾殘局,然後繼續往前進的方向使勁。要是把每個人的錯誤都記起來,那得消耗我們多少腦容量和精力,誰都不願意做那種吃力不討好的事

Chapter 3

情。」

這時,小王才明白自己錯得有多離譜。在他坐立不安,乾脆選擇保守路線的這段時間,完全沒有發揮出自己應有的水準。看似不公的晉升,其實再公正不過。

小王的錯誤不在於他原來的那個失誤,而在於出現失誤之後,他太在乎公司上下對他的評價,反而伸展不開。主管沒時間看太多兢兢業業,他們需要看到的是亮眼的優勢,小王沒有拿出手的優勢,自然成為最快出局的那個人。

喜歡給自己加戲的人注意了,其實你沒有那麼多觀眾,也不會因為你對著空氣賣力表演就漲「片酬」。不要因為被誰注視就覺得如芒在背,拿出你正常的水準,做最自然的你,過優秀的人生即可。

偶爾有那麼一兩個喜歡「看戲」的人,又有什麼所謂呢?你過著獨屬於自己的生活,也沒有太多時間去在意別人的注視。

每個人都要學著自己長大

　　大概每個人的人生道路上，都會有崩潰到想哭的時候，這種時候，總會無比渴望自己的家人和朋友出現在自己的身邊，給予自己一點幫助和溫暖。奇怪的是，越是他們需要溫暖的時候，他們身邊越是一個人也沒有。

　　於是在那些令人沮喪的夜晚，有很多人恨不得在電話或者視頻中大喊：「為什麼你不在我身邊？」對面的人總是會露出一個無奈而包容的笑容，說了些什麼並不重要，因為處在糟糕的情境下的他們一般都聽不進去，可是總有一天，他們會靠自己的力量走出來。

　　沒錯，一切都只能靠自己。

　　親朋好友當然是很重要的存在，他們維持著一個人在社會上

Chapter 3

生存的種種關係,在必要的時候幫助你、關心你,可是同樣也有一些時候,他們無法幫助你,**人註定要熬過一些孤獨,在時光的淬煉之下獨自成長起來。**

我有兩個關係很好的朋友,一個是阿喵,一個是晨晨,從學生時代一直到進入職場,我們都是親密的好友,熟悉的人都稱我們為「鐵三角」。阿喵的家庭環境比較複雜,我和晨晨都知道,所以平時她有什麼事情,我們能幫的肯定會幫,就像照顧妹妹一樣,她也比較依賴我們。

高中時,我們三個人不在同一個班,很多事情我們不能像以前那樣照顧阿喵。她的脾氣太軟,誰都能欺負她一下,但她很少說出來,只會默默憋在心裡,我也是看到她整天悶悶不樂之後才追問到的。

當時我立刻叫上晨晨想幫阿喵討回一個公道,結果晨晨制止了我:「妳幫得了她一次,幫得了她兩次,沒辦法一直幫她。」

我天真又熱血的嚷嚷:「怎麼幫不了?那些人就是欺軟怕硬,我們教訓他們幾次,他們就知道阿喵不是好欺負的!」

「對,這些人妳能幫她擋,可是她遲早會遇到更多的人,以

111

後我們可能不在同一個學校,不在同一個城市,妳要怎麼幫?我們不可能永遠都在她身邊,總會有心有餘而力不足的時候。」

晨晨太一針見血了,我只好不甘心的說:「那該怎麼辦?我們該不會就這麼不管了吧?」

沒想到晨晨竟然點點頭:「沒錯,我們就不管!讓她自己去處理。」

阿喵一開始不想面對,繼續處於食物鏈的底端。我好幾次都差點要忍不住了,卻還是被晨晨勸住,「妳現在去幫忙,之前的努力就都白費了!」

「那就眼睜睜看著阿喵被欺負嗎?我們還是不是最好的朋友了!」

晨晨這時說了一番多年之後依舊令我印象深刻的話——

「正是因為是最好的朋友,所以才不去管,而不是以『心疼』的名義,剝奪她改變的機會。讓她直面殘酷的世事,不是最殘忍的;最殘忍的事情是讓她以為世間無害,卻一下子將她趕出溫室!她必須自己學著適應世間風雨。」

我最終還是克制住了自己的衝動。幸好阿喵雖然常把事情憋在心裡,也常常逃避,但她的「憋著」是有極限的,再加上我們

Chapter 3

在旁邊鼓動,有一天,她終於鼓起勇氣反抗了!

她第一個反抗的對象就是睡她上舖的室友:「能不能麻煩妳晚上不要晃床?我被吵得睡不著覺。」

「我就是要晃怎麼了?妳自己睡不著還怪別人?」

「那等妳睡著了之後,我也來晃床,希望妳依然可以呼呼大睡!」阿喵回完這句,室友頓時閉嘴,後來就收斂許多了。

第一次「維權」成功,阿喵激動得滿臉通紅,敢說出來第一次,後面就變得簡單多了!接下來對於別人的無理要求,她都敢去拒絕,不想做的事情,也不會勉強自己說「可以」。

她很快就發現,其實反抗和拒絕也不是那麼難的事情。有的人是別人不說就得寸進尺的類型,也有的人是不被別人提醒就自己意識不到,這些人都有一個共同特點——你直接拒絕和反抗,他們就不會再做什麼了。

後來阿喵說:「當時的確有一點埋怨妳們為什麼不肯幫我,我們不是最好的朋友嗎?妳們明知道我處理不來這些事情,卻還袖手旁觀!但是逼不得已,我只能自己學著去反抗,沒想到真的打破了之前給自己的設限,我現在特別感謝妳們,給了我一個靠自己的機會。」

我同樣十分慶幸，沒有以照顧的名義對她橫加干涉，也沒有因為要保護她不受傷害而阻斷她自己成長的機會。

　　阿喵又說：「以前習慣性依賴妳們，忘記了這是我自己也能做好的事情，甚至因為有妳們，不會自己嘗試著去做。現在我知道了，有些事情一定要自己去做的，謝謝妳們！」

　　畢業之後我們三人各奔東西，我和晨晨還是會擔心阿喵過得好不好，但同時也知道，儘管沒有我們，她一樣能有快樂而幸福的人生。

　　後來在工作中，我開始帶新人，有些新人對業務不熟練，遇到小問題就喜歡求助於別人，我都特別不近人情地說：「大方向已經跟你說過了，你只需要按著框架去完成就行了，剩下的小問題我知道你可以自己解決，別急著問人，先自己想想該怎麼做。」

　　前輩的作用不是隨叫隨到的私人諮詢師，一遇上麻煩就找他們幫忙處理，這樣下去新人永遠不會成長！而且有的問題的確很簡單，想要入門當然得靠自己努力。

　　沒想到時間一長，我在很多新人的眼裡多了一個「不近人情」的標籤，類似的外號也應運而生。

Chapter 3

如果有人不小心被分到我的小組裡，其他人還會對他表示同情：「你真的太慘了，據說她不喜歡帶新人，脾氣不好，也沒什麼耐心，你可千萬要小心。」

洋洋就是這麼一個「運氣不好」的新人，跟了我一段時間之後，他就特別積極地跟領導申請調離我的小組，理由是他覺得自己可以獨立負責專案了。至於真正原因，當然是想早點離開我這個「火坑」。

領導還有些擔心，一方面問洋洋需不需要再跟著哪個前輩學一下？一方面又來找我聊聊，讓我以後不要太嚴厲。

不過這次談話效果不太好，因為之後我依舊我行我素，而洋洋也不需要另外找師父了。

當洋洋開始獨立做專案時，他才意識到自己和同期進來的新人的不同，當別人還在慢慢摸索的時候，那些東西他都已經掌握了。

「這些很簡單啊！」

「她那麼沒有耐心，竟然還教了你這麼多竅門？我的主管跟我說了好幾次，我都沒有懂。」

「她沒有教我，是我自己學會的。」

時間久了，洋洋便明白了，有的東西可能真的要靠前輩來指導，有的東西最終還是得靠自己去實踐才能掌握；每個人完成一件事情的技巧是不同的，照搬別人的經驗，沒有自己的靈魂，想要轉換成自己的經驗值反而要花更長的時間。

　　習慣性求助於人，什麼時候才能擁有獨當一面的能力？職場上需要的不是好學的學生，而是能夠迅速進入狀態的職員。

　　洋洋明白我的苦心之後，專門來感謝我。

　　「很多好意都是要後來才能發現，比如妳的良苦用心。謝謝妳當時的袖手旁觀，給了我最好的成長機會。妳並沒有少教我什麼，為什麼聽到那些流言蜚語卻不澄清？」

　　我無所謂地聳聳肩，「沒關係的，能理解的人遲早會明白，但是對不能理解的人來說，我的確是一個糟糕的前輩，無法提供他們太多的幫助。我很高興，我淘汰掉了弱者，讓優秀的人生存下來。」

　　對我帶的新人而言，沒有太多的適應時間，沒有溫柔的手把手指導過程，當他們明白靠自己很簡單，他們就可以迅速成長；若是習慣於依賴，無法破除舒適區，等待他們的只有淘汰。

　　不論是學習、工作或生活，終將有一天，我們會遇到只能依

Chapter 3

靠自己完成的事情,再怎麼艱難,都要自己獨自負重前行。遇到這種艱難時刻的你,做好準備了嗎?

周遭的親朋好友要學著去放手,而我們自己也要學著一個人成長。小時候學走路,跌跌撞撞,摔倒了,大人看著心疼,但他們知道你可以靠自己站起來,然後學會這個技能。長大之後同樣如此,**有些能力需要自己去獲取,有些坎坷需要自己去跨過。**

「雞蛋,從外面打破是死亡,從裡面打破是成長。」當遇到這種時候,請不要慌張,不要怨艾,別人放手是因為他們知道你是可以的,當你成長之後,再回過頭,就會知道那段孤獨卻燦爛的時光,有多美好。

生命可以隨心所欲，
但不能隨波逐流

　　有個叫阿青的女孩向我訴苦：她覺得自己的思想比較超前，無法被身邊的親朋好友理解。

　　怎麼個超前法呢？她說：「我追求的是人生的自由，去做自己想做的事情，人生短暫，就應該盡情享受生活啊！」

　　高中畢業，阿青看到很多人去畢業旅行，徒步川藏線，她就想去；有人休學一年去各大高校遊學，她也想去；填報志願的時候，她覺得哲學系的格調很高，想要填報這個志願……上面這些想法沒有一個是被家裡支持的，就連向來寵她的爸爸媽媽都反對，好朋友也不願意加入她的計畫。

　　「我已經成年，可以為自己的生活做主了，為什麼還過得這麼不自由？這不是我想像中美好生活應該有的樣子。」

Chapter 3

　　阿青覺得自己的想法很酷,她已經做好和家人長期對抗的準備。

　　但我也不準備幫她說服父母,而是問:「妳是怎麼產生這些想法的?」

　　「我會去逛一些有趣的論壇,裡面有很多前輩傳授經驗,教我們該如何讓自己的人生更豐沛。」

　　「那妳有做什麼準備嗎?比如說去徒步,妳知道路上要帶什麼嗎?會經過哪些地方?」

　　阿青不喜歡我問這些瑣碎的問題:「怎麼妳也和其他人一樣?既然要追求自由,當然就要繼續貫徹這個理念,反正不會餓死、凍死,邊行動邊準備就好了,現在到處都這麼繁榮,需要什麼,帶夠了錢直接買就行了!」

　　我瞬間明白為什麼身邊的人都阻止她了。

　　「那些論壇的攻略裡,有他們具體怎麼準備、怎麼行動的細節吧?為什麼妳只聽了表面的那些提議,卻不看具體的細節內容呢?」

　　阿青說:「如果我照著他們那樣做了,那就是模仿了,我想靠自己的力量去尋找生命的意義與自由。」

我笑而不語地看著她。她的行為看似在尋找自由，但本質上還是在模仿別人，哪來獨屬自己的自由？

　　努力去過自己想要的生活，這無可厚非，所有人都羨慕這樣的生活。但「自由」不是無根之萍，不代表它就是隨波逐流。

　　我見過很多行走過川藏線的旅行者，也見過很多休學去遊學的學子，他們從一開始就知道自己想要的是什麼，然後制定詳盡的計畫去執行。在隨心所欲的生活中，他們會遇到各種各樣的困難，但是他們早已做好了準備，因為目標並非掬手可得，既然選擇了這條路，就必須風雨兼程。

　　如果隨心所欲的生活輕易就能做到的話，那大家豈不是都皆大歡喜了？正因為不可能輕易做到，所以想要這樣生活的人才需要格外努力，達成所願之後才會被人格外羨慕。

　　我不反對任何人追求自由，我害怕的是明明不懂什麼是自由，卻標榜自己追求自由的人。其他想休學去遊學的人，有的是為了去觀察世界，有的是為了去看看各校的理念，有的是為了遊歷和交友，但阿青明顯沒有這樣明確的動機，她只是單純覺得這樣做很酷、很有個性。

　　可是「酷」這個東西有點浮於外表，沒有內涵，別人一眼便

Chapter 3

能看清這空洞的本質,隨心所欲若失去心中的目標,就成為隨波逐流了。

阿青現在的狀態就是聽不進別人的意見,我只好說:「這樣吧,徒步川藏線需要體力,妳先繞著整座城走一圈,先看看這個城市的風景,只要妳做到了,我就想辦法說服妳父母,可以嗎?」

阿青接受了這個提議,雖然她不想去做這些「沒用的事情」,不過她可是要徒步川藏線的人,繞全城走一遭不是輕輕鬆鬆嗎?

三天後,她哭喪著臉、風塵僕僕地來見我,劈頭就說:「不用幫我說服爸媽了,我不去了!」

徒步所在城市的過程中,阿青便吃了不少苦頭,首先是物資沒準備好,她輕裝上路,覺得隨時都可以買到水和食物,結果走到郊區之後,連超市的影子都看不到,躊躇許久,她只好跟附近的住戶要水喝。走了一段之後,她就走不動了,但礙於面子,不想放棄得太早,她咬牙又堅持了一段,然後就直接一屁股坐在路邊……

其中的苦楚,寥寥幾行字完全說不完,從來沒吃過苦的她,

在這兩天裡吃盡苦頭，還沒有走完全城，她就堅持不下去了，隨手就招了輛計程車來找我，說她準備放棄了，這跟她想像中的自由完全不一樣。

「妳是不是故意的？」阿青狐疑地看著我。

我坦言相告：「是的，我想，既然妳有追求自由的勇氣，那麼就該擁有這個執行力。因為嘴上的自由都很美好，但是實際得到自由卻需要妳付出相應的努力。不要看別人做起來很酷，妳就想跟著做，這壓根就是隨波逐流，是跟風！一點都不酷。」

阿青沒有怪我，反而說：「謝謝妳，我知道以後該怎麼做了。」她不想盲目地跟著前輩們做那些看似很酷的事情了，在沒有自己的想法時，她決定先聽一下家人的意見。

後來我也不知道阿青還有沒有想要去追逐自由，如果有，那也很好，相信有了這次的經歷，她會明白自己該怎麼去做。

自由不是別人說什麼就是什麼，每個人對自由的理解是不同的，想要的東西也不一樣，**跟著自己的心走，做自己想做的事情，才是最大的自由。**

我的好友阿鐵就是一個極好的例子。阿鐵過著非常自律的生

Chapter 3

活,但這樣的生活在有些人眼裡卻沒有什麼自由可言,但在知情人的眼裡,他是所有人中活得最自由的。別人覺得遙遙無期的生活,他一直在過著。

學生時期的阿鐵成績不好,每次都是吊車尾,他們班基本上都是不怎麼喜歡學習的人。突然有一天,阿鐵開始學習了,不再參加各種娛樂活動。其他同學勸他說:「都已經這個時候了,沒有學習的必要了,反正趕不上別人,不如盡情地享受青春。」

阿鐵說:「我的目標是考上重點大學。」

一群人笑開了,覺得他是異想天開。漸漸地,大家就不跟他玩了,讓他做自己的白日夢去,等明白逆襲是不可能的,他自然就會回頭了。

阿鐵無視那些聲音和眼神,繼續做著自己的事情。一年後,阿鐵殺進整個年級的前五十名,重點大學近在眼前,跌破了一群人的眼鏡。後來他考上一所很好的大學,也找到一份不錯的工作,依舊保持著自律。

我問他:「你是怎麼做到一直這麼自律的?很多人都有放鬆下來的時候,為什麼你沒有呢?」

阿鐵覺得我這個問題有點奇怪,好像這是什麼不值得一提的

小事,「他們覺得他們想要的是休閒,所以他們就這麼做了,可是我想要的東西我很明確,所以我就這樣去做了。」

突然想要改變,是因為阿鐵看到重點大學的學生在做兼職的時候比別人更受歡迎,可以更快地實現財務自由。

當然,後來他的想法也隨著時間改變了,變得更成熟,也更理智,但是他始終明白一點,那就是——隨波逐流不代表隨心所欲,想過理想的生活,就應該付出相應的努力和堅持。

自律的人活得不自由?那絕對是不懂自由的人會說出來的話。像阿鐵,工作一絲不苟地完成,該加班就加班,但該休的假期同樣毫不含糊,目前他的足跡已遍佈世界各地,他的物質和精神都是自由的。

他從來不怕得不到自己想要的東西,因為他知道該怎麼做。

自由的人生,是不會迷茫的,自由的人,敢去做逆襲的事情。

生來就享受自由的可能性太小了,可是能夠隨心所欲地生活的人卻很多,因為在漫漫人生中,他們都找到了各自通往自由的路。

隨波逐流是一種自我放逐,不知道自己想要什麼,就盲目地

Chapter 3

追求所謂的與眾不同、遺世獨立，這樣的做法與隨心所欲的本質是背道而馳的。隨心所欲的人，會跟隨自己的內心，去尋找、去追求，雖然路上風風雨雨，卻不會阻止他們前進的腳步。

願你在茫茫大海之中找到自己的聲音，在滾滾紅塵中找到屬於自己的位置，過上隨心所欲的生活。

好的人生，
需要你去「刻意選擇」

之前聽人閒聊，談及原生家庭的影響，有人唏噓感嘆，「原生家庭的影響太大了，又不是自己可以選擇的，根本逃不過。」彷彿一個被剝奪的選擇權就決定了一個人的畢生命運。

我無法否認原生家庭對一個人的影響，可是「一個選擇定終身」的說法也太過武斷。我們的一生中可以做出的選擇那麼多，卻一直糾結在一個我們無法主動選擇的問題上，反而會錯過許多其他的風景。

電視劇《都挺好》的熱播再次將重男輕女的傳統觀念呈現給大家，記憶力好的觀眾應該會想起電視劇《歡樂頌》中的樊勝美，與蘇明玉的家庭環境如出一轍，順便也帶火了「扶弟魔」這樣的說法，但她們兩人的命運卻是那樣的截然不同。

Chapter 3

　　樊勝美因為家庭的桎梏，生活一團糟，在深夜裡絕望痛哭；而蘇明玉事業有成，事業愛情雙豐收，透過自己的努力從桎梏中掙脫了出來。

　　家庭的偏見讓蘇明玉傷心，她自己知道該如何走出泥淖，擺在她面前的選擇有很多，她選擇對母親毫無理由的偏心說不，主動選擇追求自己的事業，不當依附他人的菟絲花，她選擇愛他人與被他人愛，而不是受原生家庭的影響而成為感情的失敗者。

　　懂得做出選擇的人，手上即便拿著的是爛牌，卻也能打得十分精采。因為他們知道，手中的牌是流動的，只要你願意，完全可以來一個王炸。

　　朋友小王是一個運氣不怎麼好的人，他覺得自己天天在逆水前行，買彩票從來沒有中過，偶爾翹課還被老師點名，仆街更是家常便飯，就差天上下刀子，喝涼水塞牙縫了。為了改變自己這糟糕的運氣，他每到寺廟就許願，身上掛滿了幸運符。

　　但是不管什麼開運法對他都沒有用，用小王本人的話來說就是：「好運轉來轉去，就是轉不進我的人生！」

　　於是他理所當然地將所有問題都歸咎於運氣不好，考試沒考好，是運氣不好，因為考的內容正好是他沒有複習過的；工作出

現失誤，數據弄錯了，是運氣不好，明明他一開始看得好好的；業績不行被辭退，也歸為運氣不好，不然怎麼會進了這家績效不行的公司，趕上被辭退的浪潮呢？

朋友勸他去做點什麼，他總是會擺擺手，搖頭嘆氣地說：「我做不到的，我這個人運氣不好！」

我跟他說，你的確做不到，不是因為你的運氣不好，而是因為你自己選擇讓事情變壞。如果是倒霉，說不定還有轉運的機會，可是自己選擇讓事情變糟，沒有任何人能幫他。

他不服氣地說：「又不是我自己想要這樣的，誰希望自己的生活過得亂七八糟？」

是的，沒有人願意生活在不幸之中，但是有一些人選擇逆流向上，也有一些人選擇隨波逐流，小王明顯就是後者。

小王完全可以擁有另外一種人生，複習的內容沒考到？那說明還是複習得不到位，要是所有課本內容都吃透了，還怕猜不對題嗎？那些被稱為學霸的人靠的不僅僅是運氣，更多的是實力。他本來可以過學霸的生活，拿著獎學金過活，但是他自己錯過了。

工作之後，他可以勤勤懇懇，仔細核對每一項數據，表格交

Chapter 3

上去之前再仔細核對幾遍,還能出錯嗎?如果能,可能只能歸為靈異事件了。說到底這不是因為他運氣差,而是他本人太粗心。出了幾次差錯,裁員潮一開始,自然就榜上有名了。

但公司還沒有倒閉,留下的員工也很多,如果他做得夠好,又怎麼會成為第一批被淘汰的人?

將所有的問題怪罪於運氣,那每個人都可以輕鬆了,也可以毫無負擔地生活,但這樣做終究無法從根本上解決問題。

我告訴小王:「運氣不好可能是一時的,但因為運氣不好就不做選擇,或者選擇放飛自我,那是一輩子的。如果你想打破運氣不好的詛咒,就得更努力地去做自己想做的事情,那些過得很好的人不是運氣比你好,而是他們比你更懂得珍惜。」

我對他說起另外一個朋友阿玉的故事。

和小王一樣,阿玉也是一個運氣不怎麼好的人。但是他們兩個有一個很大的不同之處,那就是小王是自己認為運氣不好,可是阿玉卻沒有這樣的認知。

阿玉還有個弟弟,雖然父母表現得不是那麼明顯,但還是會在不經意間流露出他們更重視弟弟,她需要洗衣做飯,弟弟不需要,有什麼好吃的,做姐姐的要懂得謙讓,弟弟可以上補習班,

她都得靠自己的努力。

朋友吐槽她的家庭環境，阿玉就笑嘻嘻地說：「哪有那麼誇張？他們對我挺好的，弟弟也很好，老媽要是安排了不合理的工作給我，他都先搶去做。」

在職場上，阿玉因為是女孩子，剛入職的時候被前輩嫌棄：「怎麼招了個女孩子進來？抗壓能力不行，做不好說兩句還會哭，出差還要考慮到女孩子一個人會比較危險。」

主管說話沒有避諱，阿玉也沒有反駁，只是工作的時候更加努力。她相信別人的不認可，是因為她做得還不夠好，如果她已經做到別人無話可說的程度，這些流言蜚語自然也就消失了。

後來阿玉理所當然的晉升了，現在她已經壓過之前所有的競爭者。就算跳槽，她也有了選擇更好職位的資本。

她依舊是個女孩子，她身上的弱點依然存在，可是這些弱點卻不能阻擋她發光。

阿玉活得很清醒，她沒有選擇像弱者一樣抱怨，因為抱怨之後只能等著別人來主宰命運，永遠都只能成為被選擇的人。阿玉不想自己一直這樣下去，也不想依賴於自己的運氣，她要做的就是證明自己。

Chapter 3

可憐的人永遠都是在向上天祈禱，自強的人卻永遠在求助於自己。與其寄託於虛無縹緲的運氣，不如用自己的努力爭取一個肯定的未來。

「不能說我的運氣特別差，可是我肯定不能控制運氣，那就只能提升自己的實力了。」阿玉如是說。

誰不希望自己是天命之子、氣運加身？可是夢想成真的人太少，我們只能依靠努力讓自己變得更加幸運，將選擇權緊緊地握在自己的手上，靠自己去選擇更好的人生。

小王聽完之後若有所思，我相信他知道該如何選擇了。

這個世界上哪有什麼天生幸運？好的人生都是經過刻意選擇的結果。

有剛出生就站在別人終點線上的人，他們和我們一樣也會被誘惑，他們面前同樣有許多選擇，可以裹足不前，可以徹底墮落，也可以選擇前行！

糟糕透頂的人，當他們面前擺著選擇，他們只會選擇變得更壞；不是他們只有這個選項，而是他們覺得自己沒有別的選擇。

有一首歌這樣唱道：「在一瞬間有一百萬種可能。」我不知道你正處在人生的哪個階段，不知道你面前有什麼選擇，但是我

相信，你仍有很多種其他的選擇，如果你不想被命運要脅，如果你不想成為只會怨天尤人的人，那就選擇向上、向光、向更好的方向發展。

我們都曾看過，有些人雖然出身低微，經歷坎坷，卻將生活過得風生水起。別羨慕，順應不可改變的，選擇可以改變的，你也可以成為他們中的一員。

有時候人們會無能為力，失去選擇權，但是人生還有那麼多個可以選擇的節點決定你的人生，當面臨這些時候，別讓命運選擇了你，而是把選擇權牢牢握在自己手中，相信自己能夠做出一個滿意的選擇。

CHAPTER 4

天真的人,通常可以走得更遠

為什麼你連「早睡早起」都做不到

有個知名企業的HR（人資）跟我說過，有時候應聘的人以為HR問的問題莫名其妙、無關緊要，但其實這些問題有可能是決定應聘者去留的關鍵問題。

比如這樣一個問題——

「你有早睡早起的習慣嗎？你是如何保持這樣一個習慣的？」

大部分的人可能會回答沒有，畢竟對現在的年輕人來說，熬夜已成常態，這就像是年輕的標誌似的，保溫杯裡的枸杞都已經泡上了，即便這樣還是不會放棄熬夜。

這個問題不是決定性的問題，但在這位HR的心中，應聘者的回答會佔有很大的參考比重。

Chapter 4

有人對這個問題不屑一顧，說：「這個問題想問什麼？對工作而言沒有任何意義，作息是個人的事情，不會耽誤上班就好了。」

但是在HR看來，作息對一個人真的會有很大的影響。習慣了晚睡晚起的人，他們在鬧鐘的呼喚下好不容易起床了，卻會因為缺乏睡眠一整天都昏昏欲睡，沒什麼精神。哪怕能力很突出，在這樣的精神狀態下能夠發揮出自己最好的水平嗎？

而HR最怕的，還是一直說著要調整作息養生，卻從來沒有做到過，或是做到了幾天，很快就故態復萌。這可能不止關係到個人的工作狀態，甚至跟個人的品質和能力也有很大的關係。

正如這位HR說的那樣：「我之前就淘汰過不少人，這些人在其他方面可能很優秀，但就是做不到早睡早起。他們給自己設立的職場目標毫無例外都很『高大上』，可是他們連最簡單的早睡早起都做不到，就會讓人懷疑他們的執行力和毅力。」

執行力和毅力，正好也是職場上非常重要的兩項能力。嘴上說得很好聽，但在實際行動中不靠譜，短時間內可能會討巧，但是時間久了，弊端就顯現出來了，這樣的員工絕對會成為領導和同事最討厭的人。

之前這位HR就招聘過一位這樣的員工：

A的簡歷看起來很華麗，聊了幾句之後發現他侃侃而談，看起來能力很強，也很靠譜的樣子，招到好員工是HR最高興的事，當時她同樣也問過A同樣的問題：「你會早睡早起嗎？」

A答道：「我沒有這樣的習慣，因為大家都是年輕人，你懂的！不過如果公司有要求，那我肯定是能做到的。平時上課、比賽需要早睡早起，我都能做到，而且保持一整天的精力充沛！晚睡也是有好處的，至少我能夠加班到比別人晚。」

HR一聽這話，頓時覺得靠譜，於是A就順利入職了。

剛開始，A能說會道，跟同事的關係十分融洽，領導還誇獎他說，要是現在的新人都跟他一樣靠譜就好了！不久後，公司有一個比較重要的專案，前輩帶A一起跟進，雖然難度有點大，但的確是積累經驗的好機會。如果不是A給大家的印象比較好，這種機會基本上輪不到一個新人的。

可是一到重要的環節，A就開始失常，交代給他的任務無法完成，但是他永遠不會直接說「我不會」，而是等截止時間到了，他才說：「這個太難了，我做不出來。」或者說，「時間太短了，我還沒有做完，再給我一點時間。」

Chapter 4

原本勝券在握的專案，被A這樣一搞，波折迭起，幸虧前輩經驗豐富，熬了幾個通宵幫A收拾好爛攤子。到了專案彙報的時候，A差點遲到，最後一個衝進會議室，讓客戶頻頻回頭。

好在前輩們控制住場面，私下跟客戶道歉，表示A是新人，業務還不怎麼熟練，請客戶見諒。

經此一事，大家對A的印象徹底改變，也都主張讓他多歷練一下。A頗為不服氣，逢人便抱怨前輩仗著資格排擠他，他還是新人，搞砸事情是很正常的，都怪前輩沒有做好相應的準備。

這些話後來傳到前輩耳裡，差點被A的話給氣笑了，從信誓旦旦表示自己可以，到這個不會那個不行的，也沒過多長時間，嘴上說得好聽，可是實力卻極為不靠譜。

不久之後，A就離職了。

有了他做前車之鑑，HR再招聘新人時就特別注意這一點，做不到早睡早起還誇誇其談的人，在HR這裡得到的分數總是最低的。

是啊，誰都知道早睡早起看起來很簡單，但為什麼這麼簡單的事情，你還沒有做到呢？為什麼這麼簡單的事情，你還要找藉口呢？

這時候就不得不說一個「別人家孩子」的故事了。

B君從小到大都是街坊鄰居中被人誇讚的對象，哪哪都好。我也特別欣賞他，不僅因為他的工作生活樣樣出眾，還因為他所表現出來的那種積極向上的精氣神，兼顧他身上的那種自信和謙遜，只有真正的成功人士，才能擁有這樣的氣度。

於是我問他：「你覺得你身上的這些特質中，哪一項最重要？是什麼讓你獲得現在的成功的？」

B君的回答出乎我的意料，他說：「我覺得是早睡早起。」

我以前的想法和大多數人差不多，不就是早睡早起嗎？應該很簡單啊！

恰恰相反，當你真正去做的時候，才知道這是一件挺了不起的事情，至少我週末的時候也是會賴床，能不早起就不早起。

可是要說這有什麼特別神奇的作用的話，好像也沒有那麼神，B君有那麼多優點，為什麼偏偏提了最不起眼的一個呢？

「為什麼是早睡早起？」我追根究底的問道。

B君說：「大街上一眼看過去，你可能不知道對方身上穿的是什麼牌子的衣服，嘴上塗著什麼色號的口紅，也不知道對方有沒有錢；但是，對方能不能早睡早起，一眼就能看出來！每天早

睡早起的人，會以最好的精神狀態面對工作，自然而然地就會變得自信且強大。我現在擁有的很多東西，都是這個好習慣帶來的，不信的話你可以自己比對一下，能夠堅持做一件事很長時間的人，都會變得足夠優秀。」

但B君也不是一直都早睡早起的，剛考上大學時，他覺得自己已經奮鬥得夠多了，可以休息一段時間了，便開始通宵玩樂。沒多久，他看到鏡子中的自己，滿臉鬍碴，頭髮凌亂，眼睛紅腫，像是老了十歲。

他被這樣的自己嚇了一跳，只是改變了一下作息時間而已，就讓一個人變得如此頹廢。他這才意識到早睡早起的重要性，也不想再繼續過這麼糟糕的生活。

從那以後，B君就過上了和大多年輕人背道而馳的生活，有人笑他老派，他笑而不語，有人勸他偶爾要放縱一下，但他知道，放縱只需要一天，但這個習慣維持下來可能需要一年，不能破戒，太不划算了。

我對早睡早起的神奇功效有些好奇，就直接做了一個對比，發現早睡早起幾天之後，就連空氣都變得格外清新，心情也輕鬆愉悅了起來。B君沒有誇大事實，他只是體會到了早睡早起的好

處，並用自己強大的執行力貫徹下去。

早睡早起的好處，很多人心知肚明，只是能堅持下來的少之又少，只有執行力和毅力都充沛的人，才能笑到最後。

在職場上升職加薪最快的人，不一定是加班熬夜到最晚的人，而是那些早睡早起的人。

辛苦從來不等於效率，聰明的人知道該怎樣讓自己以最好的狀態面對工作，沒有熬夜的後遺症疲憊，也不需要咖啡和濃茶提神，當有些人還不知道自己要做什麼的時候，他們的工作已經完成了大半。

於是當別人在加班的時候，他們就輕輕鬆鬆地拎著包回家了。在這樣的良性循環之下，當你還在抱怨工作太辛苦、時間不夠用的時候，早睡早起的人已經脫穎而出了。

差距往往不是在最難的環節出現的，而是在最簡單的事情上日積月累，積少成多的。

你可以因為各種原因被刷下，但是千萬不要因為做不到這最簡單的習慣而被淘汰。

Chapter 4

儀式感
就是生活的高級感

　　朋友曉涵是身邊的人都羨慕的對象,她家世普通,學歷普通,工作普通,後來卻找了一個「高富帥」的男朋友對她死心塌地,將她照顧得無微不至。

　　問她有什麼祕訣,曉涵笑而不語,反倒是她男友為我們解惑:「你們以為她和我在一起之後,在我的幫助下才過得很好嗎?才不是,她自己的生活本來就很高級了,和她在一起反而是讓我變得更好,讓我完全沒有不愛她的理由!」

　　沒錯,曉涵是一個特別懂得生活的人,有男朋友之後是這樣,有男朋友之前更是如此。她很注重生活的儀式感,學業、工作有什麼突破,就邀約三兩好友慶祝一下;生日的時候,工作再忙也要買個小蛋糕;逢年過節,她總會找個方式慶祝一下。

「這樣會不會太誇張，太浪費錢？」

曉涵一臉坦然地回答：「不會啊，其實仔細算下來，一年在這些事情上面花的錢，可能還不如隨便買一瓶面霜。但是最重要的是其中的儀式感，意義是完全不一樣的，這麼一做，你就會感覺自己過著和別人不一樣的生活，你的生活有血有肉，並非麻木不仁。」

她說起有一年生日，她正好在外面出差，第二天要和客戶談一個大案子，年輕的忐忑再加上滿腦子都是害怕出什麼岔子的念頭，到下榻飯店時已是深夜，但她還是不適應沒有儀式感的生日，外界的條件越不允許，越不應該在這種事情上虧待自己，於是她走出飯店決定要為自己買個蛋糕。

當時附近的甜點店正要關門，曉涵衝進去拜託店員：「能不能賣我一個小蛋糕？今天是我的生日，明天我有一個很重要的提案，我想要拿出最好的狀態面對。」

「今天蛋糕都賣完了，不過我留了一個要帶回去自己吃的，妳介意嗎？」

曉涵當然不介意，付錢給店員之後，店員對她說：「祝妳生日快樂，明天妳一定會很順利。」

Chapter 4

那時候曉涵明白了一個道理——**當你過著有儀式感的生活時，就連陌生人都會努力為你實現夢想。**第二天的提案很順利，於是她又去那家甜點店買了一個蛋糕慶祝。

她用有限的經濟，卻將自己的生活過出了無限的可能。

曉涵的男友也和我分享：「我們在一起的時候，也經歷過吵架，有一次吵得兩個人都很難受，我工作正忙，沒有力氣哄她。就在我們冷戰的時候，有一天回家，突然發現電視螢幕正放著我們的照片，她把我們的合照做成一個簡報，記錄了我們在一起的時間、去了哪些地方、有過什麼約定。」

曉涵喜歡拍照，卻很少曬恩愛。以前男友不明白為什麼，這時候他才恍然大悟——她不用、也無須跟別人炫耀什麼，她想要留下的，是他們在一起的點點滴滴，每一個值得記憶的時刻。

所謂儀式感，不一定要多高級，當你覺得某個時刻很重要，那個時刻自然就變得珍貴了起來。

那一天是他們在一起一週年紀念，曉涵從來沒有提醒過男友要送她禮物，她自己準備好了驚喜。

曉涵走過來抱住男友，「你說每年紀念日我們都要去旅行，去看不同的風景，今年很不巧的我們都忙，就只能看看過去的風

景了,可是我還是希望你能喜歡。」

男友將她抱起來轉圈,眼眶微紅地說:「我很喜歡!」他見過山也見過大海,他去過很多旅遊勝地,也認識很多風情迥異的女子,卻從來沒有人能跟曉涵一樣製造出幸福的生活感,然後將這種幸福感傳遞給他。

也就是在那一刻,男友非常確定想要和她永遠在一起。

後來每一年紀念日,他們都會去旅行,看遍各地的風景與風情,去為生活的儀式感尋找新的途徑。

我不知道曉涵的男友沒有遇到她會不會一樣幸福,但是我能肯定,沒有他,曉涵依舊能把自己的生活過得很「高級」。

讀者陳小姐曾跟我訴說她生活的辛苦,她出身農村,家境普通,一直想要透過努力改變命運。在一眾抱有這樣想法的人中,陳小姐算是成功的,她憑自己的努力考上了名校,上學期間兩耳不聞窗外事,一心只讀聖賢書,每年都拿獎學金。畢業後,她憑藉優秀的成績進了一家不錯的外企工作。

工作之後,陳小姐發現職場和學校有很大的不同,她蒙頭努力卻沒有帶來相應的好處,反而讓她覺得周圍的環境很艱難。陳

Chapter 4

小姐產生過很多次辭職的念頭,像父母勸說的那樣,回老家考個公務員什麼的,輕鬆悠閒,很符合家鄉對一個女孩子的期許。

可是陳小姐對比了大城市的繁華,又看了看理念落後和設施也沒有發展起來的家鄉,還是咬咬牙留了下來,她不想成為被大城市淘汰、只能回家鄉混吃等死的那種人,她希望在這個城市擁有一席之地,也做好了為此付出更多的準備。

漸漸地,她明白在職場這個地方,你的努力需要累積到一定程度才能被別人看見。

十幾年如一日,陳小姐如同一根緊繃的弦,始終不敢鬆懈,她住在城市的郊區,每天都要花上幾個小時通勤,有時間就自己做飯,沒時間就去買份麵食裹腹,很少買衣服,更別說包包、化妝品了。

陳小姐如願以償地將職位升得更高,也存了一筆錢,夠她付一棟小公寓的首付。但這時家鄉的房價一直在漲,她直接用現金買了家鄉那邊的房子。

親戚朋友終於看到她的能耐,等以後她回老家了一樣能過得舒舒服服。

陳小姐覺得,這應該是她揚眉吐氣的時候了,但是她自問自

己有變得開心嗎?她好像還沉浸在那種苦行僧的焦慮中,就算身上有錢也不會消費,漸漸的身邊也出現一些來自下屬的非議,「那個老女人真的太奇怪了,明明賺了不少錢,卻對自己那麼吝嗇。」

父母親戚也沒少說她:「錢有了,事業也有了,什麼時候考慮結婚的問題啊?」

「女孩子還是應該軟一點,才能討別人喜歡,妳這個歲數,已經不能挑了。」

陳小姐並不害怕別人的異議,她自己也感覺到惶恐,是因為她知道他們說的是事實,她犧牲了自己的時間、青春、愛情,看似得到了物質上的滿足,但她並沒有快樂的感覺,反倒有著濃濃的疲憊和困惑。

她懷疑自己是不是選錯了人生的道路,才會讓自己的每一步都走得那麼艱難,明明是一個高階白領,卻活得像是搬磚的苦力,越活越不堪。

我和她講了曉涵的故事,然後勸她:「我不覺得妳選錯了人生道路,只是妳對自己不夠好。升了職、買了房子,但妳卻沒有享受這些給妳帶來的幸福感。妳現在應該要做的,就是邀請朋友

Chapter 4

或同事去慶祝一下妳買了房子，讓自己的感受更真實一些。」

陳小姐將信將疑地問：「就這麼簡單？」

於是她抱著試試看好像也沒什麼損失的心態去做了，然後突然發現自己在同事之間好像比較受歡迎了，下屬還直接調侃她：「陳姐，妳以前太高冷了，都不跟大家出來聚聚，我們都覺得妳很有距離感。」

陳小姐逐漸融入群體之後，遇到好事，她會跟大家一起聚會分享，遇到傷心事，沒什麼是一頓燒烤過不去的。花一點小錢，與人分享傷心與快樂之後，心情更加舒暢，生活也更加美好了。

「只改變了一點點，我卻覺得自己的生活突然充滿陽光！」

這就是儀式感的神奇之處，活得高級的人，是能夠和生活產生真正聯繫的。

就像曉涵說的：「儀式感的精髓就在於你能夠清晰地認識到，生活不是一成不變的，生活中美好的事情還有很多，可能你一忽略，這些美好就消失不見了，但只要你在乎，這些美好就會得到放大。」

有的人拿著很多錢也沒有辦法過好自己的一生，不一定是因為他太過貪婪；有的人拿著很少的錢，卻能將日子經營得有滋有

味,也未必是因為他擅長精打細算。

　　他們最大的區別,可能僅僅在於有沒有生活的「儀式感」。

　　儀式感教會我們的是去在乎,去尋找和記錄生活的美好之處,覺得幸福的時刻多了,又何必擔心你的生活不夠高級?

　　有儀式感的人,在泥濘之中也能感受到幸福,因為他們珍重手中的每一點微光。

Chapter 4

永遠不要低估
你自我改變的能力

一年前我收到波波的求助：波波年到三十，在一家效益普通的國企上班，每天都在跑業務，拿著普通的薪水，看不到任何晉升的希望。剛畢業時，他的薪資持平大部分同學，過了七八年，早就被同學們遠遠甩開。

波波早已萌生退意，但到了這個年紀，需要考慮的東西太多了，沒辦法像剛畢業的小年輕一樣率性自由，想留就留，要走就走。他要考慮存款，考慮家庭，考慮下一份工作是不是能夠像現在這樣穩定，阻礙他的實在太多了！

「我想換一個行業重新開始，可是這意味著我要和應屆畢業生競爭，我好像沒有什麼競爭力。」波波很煩惱。

工作了這麼多年，很多職場潛規則他都了解。比如說HR招

聘老員工,就是看重對方的履歷,如果沒有這個履歷,他們肯定更願意招聘應屆畢業生,因為他們的可塑性比較強,精力充沛,更能接受新事物。既然有「物美價廉」的小鮮肉,為什麼還要找沒有優勢的老員工呢?

波波知道自己的情況不容樂觀,可是再不辭職轉行,以後就更沒有機會了。之前就是因為糾結了太長時間,所以才會一直錯過。

我問他:「考慮好改行之後要做什麼了嗎?」

「準備去私企做專案工程師,也算是跟之前的經歷有一點關係。我之前和這個公司打過交道,該懂的東西我都懂,我也買了一些工具書自己學習,就差把證照考出來了。」

他這是萬事俱備,只欠東風啊!對於有準備的人,我是不吝給予肯定的:「你先找時間考證照,在辭職之前就把工作確定下來,既然是改行,就別想著一步登天,更要穩紮穩打。」

波波猶豫道:「我也不是想一步登天,就是不知道這麼做是不是正確的選擇。要是改行失敗,自己被淘汰了,高不成低不就,老婆孩子都得跟著我喝西北風。」

「你既然已經做好了相應的準備,也清楚自己現在的處境,

Chapter 4

現在差的只是臨門一腳的決心和勇氣。你害怕轉行之後被淘汰，可是再這麼猶豫下去，你就是被自己的同齡人甚至是後輩淘汰的那一個！你擔心自己高不成低不就，但現在的你已經處於這種狀態了，趁早改行才是最好的辦法。」

波波想要改變又害怕改變已不是一天兩天的事情了，因為始終下定不了決定，錯過了最好的時候，我可不希望看到他繼續錯過。都說種一棵樹最好的時間是十年前，其次是現在；改行也是，最好的時間是在波波猶豫之前，其次就是現在。

「現在不走，以後更走不了，因為跳槽的激情就是在猶豫中被消磨的，越到後面，牽絆你的事情就越多。不要擔心自己毫無競爭力，至少你為人處世這方面比應屆畢業生成熟許多，你的人脈也比他們多，還有很多你自己看不見的優勢，這就是你改行的資本。人從來都不是害怕改變，而是害怕改變帶來的糟糕後果，一不小心，把所有的優勢給弄沒了。」

波波是一個執行力很強的人，下定決心之後，他就在各大招聘網站上投了簡歷，報名了資格考試。不到一個月，他就從原本的公司辭職，雖然領導承諾給他加薪，卻依舊沒能挽留去意已決的他。

波波老實的說:「如果是還沒下定決心之前給我加薪,說不定我就真的留下來了。可是我現在已經想清楚了,離開是最好的選擇,因為一點小利放棄更好的機會太不划算了,他們願意給我加薪,就證明我的價值不止於此,所以我更應該離開。」

他的新工作是從工程師助理做起,真的是和應屆畢業生們站在同一個起跑點上,得到的「關愛」眼神不在少數,還有人說:「哥,待在國企不好嗎?你跳出來很累的,經常加班熬夜,身體吃得消嗎?」

聽到這話,就算原本想放棄也得挺直腰桿,身為一個男人,怎麼能被這些年輕後輩看不起呢?波波決心要讓這些新人看看,比他們多吃的幾年飯,不是白吃的。

做出改變,其中的辛酸苦楚無須多言,他付出的努力肯定比一般人都多,至少他的結果讓他的付出有了回報。前幾天波波告訴我一個好消息,他的升職通知已經下來了,他做到了工程師主管的位置。

有人說:「他一把年紀了,怎麼競爭得過那些小年輕?」

事實證明,他競爭得過,幸好他沒有因為一念之差,繼續待在原單位庸庸碌碌到退休。

Chapter 4

　　回想起來,波波也是各種忐忑,「說實話,那時候的我只是想改變一下人生軌跡,沒想到自己能做到這個程度。如果我連第一步都踏不出來,別說是一年了,可能一輩子都想不到自己能有今天。」

　　我從來都不是鼓吹「只要你怎麼樣,最終你就能怎麼樣」的人,但我還是想說,改變沒有想像中那麼難,也沒有必要把自己限制在往日的窠臼裡,因為那才是對自己人生的一種慢性謀殺。

　　阿飛自從上了高中,就沉迷於遊戲,滿腦子想的都是跟遊戲有關的事情,上課睡覺,課後作業不寫,但凡有機會就逃學混網吧,成績自然一落千丈。

　　老師本來對他寄予厚望,現在只剩失望。

　　「你們千萬別跟他學,他這是拿自己的人生開玩笑,現在是你們最關鍵的階段,荒廢之後,就是想趕也趕不上來,你們就等著看他以後後悔吧!」

　　高二學期過半,阿飛厭倦了遊戲,也真的感到後悔了,他決定重新拾起課本。可是,對他來說,現階段的課本就像天書一樣,要學必須從高一的課程開始,所以大家都認為阿飛逆襲的希

望不大。

　　錯過了最重要的學習階段，還能被他迎頭趕上，別人不要面子的嗎？再加上他們也不知道阿飛想要學習，究竟是一時興起，還是真的洗心革面？

　　老師繼續拿他當例子，「高二非常重要，半點都鬆懈不得，大家都看到阿飛後悔了，可是後悔已經晚了，錯過的東西太重要，沒有人天生就是天才，讀書沒有不勞而獲的。」

　　阿飛已經做好最糟糕的打算，他也不著急，借來了同學的筆記，自己翻書看重點、刷題，高一的課程學完，他還在年級的倒數，高二的內容趕上來，他在年級的中游，查漏補缺之後，他的成績讓別人側目。

　　阿飛說：「別人都不相信我能變好，因為在他們眼中我就是這樣的形象，可是如果連我都不相信自己能夠做出改變的話，那我這輩子就真的只能是一攤爛泥了，我可不希望自己是這樣的。」

　　他並非想要打臉誰，他只是想在沒有人給他機會的時候，自己給自己一個機會。他可能沒辦法變成最好的那一個，但是做出改變，肯定不會比原來更糟糕；做好了最差的準備，就能無所畏

Chapter 4

懼。

　　當你處在人生的某一階段，中途突然放下去做另外一件事情的時候，唱衰你的人肯定比比皆是，他們會告訴你：這個時候再後悔已經來不及了！你已經錯過黃金時期了！

　　於是本來就心存猶疑的你就更加猶豫了，這種時候，一個個可能性特別容易被扼殺。

　　當你想要改變，不管多晚都不晚，只要你有改變的決心和毅力。做好準備之後，不要糾結，不要猶豫，更不要畏懼，因為改變之後，只會更好，低谷之後，就是新生。

　　當你做出改變，就會發現，原來絆住你手腳的只是想像出來的困難，實際上可能只需輕鬆一跨便能過去。

　　當然了，改變永遠都比一成不變難，正是因為眼前的生活已經無法滿足，才會想要改變。

　　不要否定自我改變的可能，也不要低估自我改變的能力。只有勇於改變，生活才不是一眼看得到盡頭的一潭死水，而有在彎道超車的可能。

有多少人活成自己
不喜歡的樣子？

　　你還記得上一次去做自己喜歡的事情是多久之前嗎？上一次放肆地笑、大聲地哭是什麼時候？上一次躊躇滿志地做某件事，抱著不成功便成仁的心態是哪天？

　　莉亞無奈地回答：「大家都是成年人了，哪有那麼多時間做自己喜歡的事？不管以前有多自由、以前的喜好是什麼，都會慢慢地忘記。」

　　她臉上泛上的是很多人熟悉的疲憊感，板著臉的時候像是以前我們最討厭的教導主任。她才二十九歲，卻活得像是一個被生活磨平了所有棱角的中年婦女，平靜到麻木。這個時期應該是人生中最強盛的時候，怎麼就變成這個樣子了呢？

　　十七、八歲的莉亞，絕對想像不到自己會成為現在這樣。她

Chapter 4

是一個叛逆少女，填報志願非要按照自己的心意選擇一個冷門專業，高考結束的暑假她一個人騎單車環遊整個城市，活得又酷又帶勁。

那時候的她總說：「如果活得沒有什麼趣味，漫長的人生就像是重複某一天的言行，那我寧願早點結束枯燥的一生。當然，我是肯定不會陷入那樣的境地的，誰都無法阻止我過自己想要的生活。」

當時，她臉上的笑容是那麼的張揚，不管男生或女生都願意和她成為朋友，人緣非常好。

我正想對她說「以前的妳不是這樣的」，她已先列出一堆理由，都是養家糊口那些事情，她的月薪看起來不錯，但是跟所在城市的物價比起來，根本不值一提；就算有錢了，也沒有那麼多的時間，領導叫你加班你能不去嗎？不表現得努力一點，要怎麼升職加薪？

「如果我是有錢人就好了！什麼都不用考慮，想做什麼就做什麼，但是我只是普通人。」

我想跟她說，有錢的人不一定成為自己喜歡的樣子，說不定暴發戶嘴臉惹得很多人生厭；沒錢的人找到最適合自己發光發熱

的模樣,也不是沒有。

　　誰說成年人就一定要活得疲憊不堪,為生活奔波,徹底地在茫茫人海中淹沒,成為面無表情面孔中的一個?那些都是沒有勇氣、沒有信心過自己喜歡生活的人拿來誤導大家的台詞。

　　我認識一對青旅老闆,男老闆以前在上海當工程師,女老板在成都的五星級酒店當經理。按照各自原本生活的圈子,他們這輩子都不會有什麼交集,可能各自過著算得上成功的日子。

　　可是他們都對眼前的生活不太滿意,也許物質條件滿足了,但是每天的生活都被工作占滿,不是加班到凌晨就是到深夜,導致出現脫髮、失眠等煩惱,這樣的生活雖然穩定,卻令人厭倦。

　　於是,辭職的念頭便冒了出來,身邊的朋友都勸他們別衝動:「工作不就是一個『熬』字?大家都是這樣過來的,習慣就好。你這份工作有前景,『錢景』也不小,就這麼放棄太可惜了。」

　　貿然辭職,不知道下一個崗位還有沒有這麼好的待遇,他們也都老大不小了,辭職需要考慮很多的事情。但出乎所有人意料的是,兩個平日算是沉穩的人,都請了將近一週的假去西藏旅

行。

「人往往是越考慮越沉重,我不想背負那麼多的東西,先考慮一個問題,這麼做我能快樂嗎?如果能,那就沒有什麼好糾結的了。」

他們的答案都是肯定的,西藏是他們從學生時代就想去的地方,可是出於各種理由,一直都未能成行。既然有錢也騰出了時間,為什麼不去呢?兩個人還沒有認識,思想就先獲得了同步。

他們在西藏相遇,不是同行的人,卻有很多共同語言,關於人生理想,關於他們想過的生活。西藏的風景很美,在那裡戀愛也很浪漫。未來何去何從還不知道,他們只知道這次錯過,就不知道什麼時候才能遇見了!

誰說成年人的世界裡都是房子、車子?至少他們就沒有,單純地選擇了讓各自感到最舒服的感情。

回去考慮了一段時間,他們一起選擇了辭職,男生從上海千里迢迢去了成都,兩人拿出所有的積蓄開了一家青旅,不僅招待去成都遊玩的遊客,很多喜歡騎行、徒步川藏線的旅客都會在他們那兒落腳,聊聊青春,談談夢想。

不是沒有人唱衰他們,開青旅雖然挺不錯的,但肯定不如他

們原本的工作，等他們的情懷逝去，就會為自己的選擇後悔，兩個人說不定還會因此而分開，各自回到原本的位置……

旁邊的人多多少少抱著看好戲的心態，側眼旁觀。

將近十年過去了，他們的孩子都已經上小學了，卻也沒看到他們有分開的跡象。正好相反，在成都這個慢節奏的都市裡，他們的小日子過得風生水起，十分愜意。

平時喝喝茶、健健身，和來自五湖四海的朋友插科打諢。明明都已經是奔四的人了，兩個人站在十幾二十歲的年輕人中，竟也不顯得突兀。

他們都沒有想過要一夜暴富，但不代表他們不能將生活過得聲色俱佳。對他們來說，想成為什麼樣子，去做就好了！

這對老闆不是我所認識最有錢的老闆，卻是最有趣的老闆。他們沒能給孩子提供精英化的教育，也沒有送他去最好的學校，但是他們帶著他去西藏徒步，去各地觀賞不同的風景，領略不同的風情。

他們的孩子長大以後也許無法成為最頂尖的類型，但一定會成為豁達、開朗、明智的人。因為父母就是他最好的榜樣，**即便長大，也不會丟失自己赤誠的初心。**

Chapter 4

知道自己想要成為什麼樣的人,並努力往這個方向努力,才是成長的標誌。否則,除了換上了一張叫作「成熟」的面皮以外,卻還是像個不停旋轉的陀螺一樣繁忙和迷茫,什麼都沒有得到。

活成自己想要的樣子不一定要休學或辭職去旅行,青旅老闆只是把生活過成自己想要的人之一。那些人身上的標誌鮮明,無論他們做什麼,都會抽出一點時間過成自己想要的生活,活成自己想成為的人。

我見過有人賣了房子、買了房車去世界各地旅行,見過有人加班到深夜仍會穿過半個城市去吃某家大排檔,也見過有人在繁忙工作之餘還抽出時間組樂團玩搖滾⋯⋯他們如此不同,卻又那麼相似,**生活會把人塑造成各種樣子,可是最開始喜歡的東西,你還在堅持喜歡嗎?**

哪怕成為自己喜歡的樣子很難,目標有點遠,還是要朝向那個自己想要成為的樣子慢慢靠攏。

這樣努力生活、努力向上的自己,好像就是喜歡的樣子的一部分。生活沒有變成一潭死水,依舊充滿很多可能性,那些存在的不確定,都是回憶起來可以讓人笑出聲的時光。

生活的魅力不是時光本身，而是正在生活的你。當你覺得從某個時刻起，你成了一個刻板而無趣的人時，生活就真的變得無聊乏味了，因為你已經主動接受了那不喜歡的人生。

其實大家都很忙，有時候生活也很苦，順著生活隨波逐流，成了臉譜化的芸芸眾生，忘記了自己原來想要的生活是什麼樣子；可是仍然有些人，他們懂得往苦味的生活中加點糖，令生活別具風味。

這時就不得不說一句老套的臺詞了——不忘初心，方得始終。別讓艱辛的世情包裹住你的心，讓你變得粗糙而遲鈍，偶爾要將內裡包裹著的柔軟初心放出來透透氣，讓它去尋找嚮往的方向。

照鏡子的時候，認真地看一看，這是你想要成為的樣子嗎？這是你想過的生活嗎？想一想自己真正要的是什麼，不管你現在是什麼年紀，千萬不要辜負這短暫而又燦爛的一生。

Chapter 4

有目標感的人，
更有幸福感

　　時常有人跟我抱怨，生活很累，人生太難，每天疲於奔命，感覺自己像是流水線上的工人一樣每天都在重複著機械的日子，普通人的一生，就是這麼渾渾噩噩地開始與結束，幸福感對他們來說是一種奢侈品。

　　我卻不這麼認為，不是產生幸福感太難，而是把幸福的基調定得太高，比如說，要一夜暴富才能幸福，要獲得童話故事般的愛情才算是幸福。

　　小魚畢業後成了培訓班老師，寒暑假的時候忙得腳不沾地，淡季的時候沒有多少學生，多數時候都在備課。有忙有閒，薪水可觀，也算是讓不少人羨慕的工作，可是她對自己的現狀卻不怎麼滿意，別說是幸福感了，不被自己的焦慮壓垮就已經謝天謝地

了。

問她為什麼會選擇這一行,小魚說:「我在大學的時候玩得好好的,誰知道一轉眼就畢業了,我根本就沒有做好準備,也沒有做這個準備的意識。」

小魚是金屬加工專業的,如果不想去偏遠工業區工作,基本上就只能做跟專業不符的工作了。當然,這個問題也不大,起碼過半的大學生在畢業之後都在從事與自己專業無關的工作,如果這就意味著要過悲慘生活的話,那大家都一起窮途潦倒了。

那問題出在哪裡呢?問題就在於小魚既不想待在偏僻的工業區,但又發現自己好像沒有什麼一技之長,也沒有特別想做的事情。打開自己的履歷表,竟然不知道該投什麼公司好,職缺那麼多,卻壓根沒有她的容身之處。

等到校招的尾聲了,她這才著急起來,也不看那些公司到底在招什麼,把履歷一股腦投了出去。她的履歷沒有明顯的優勢,面試的時候對職缺的了解也很少,對自己的未來也很不明確,校招結束時依然沒能獲得一份工作。

畢業之後,小魚不好意思再留在家裡,看到有培訓機構招聘輔導老師,她沒想太多就去了。她初高中的時候成績比較好,輔

Chapter 4

導內容撿起來不難，家裡也挺支持她做這份工作，按理說她這也算是在陰差陽錯中得償所願。

可是小魚對這份職業沒有歸屬感，整天都是被工作推著走，這只是她謀生的手段，問她在職業上有什麼更深層的追求，她除了升職加薪之外什麼都回答不上來。至於怎麼升職加薪？她也只能回答「看老闆心情」了！

看起來兢兢業業的一個人，實際上卻是最沒有效率的人，她丟失了自己的生活目標，過著複刻別人的生活，可惜的是，別人的幸福感不代表她的幸福感，她再怎麼投入，仍舊無法把握自己的人生。

我建議她：「妳試試給自己定一個小目標，努力去實現看看，也許妳就能找回久違的幸福感了。」

小魚不加思索地跟我說：「沒有用的，我每年都有給自己定下目標，但實現起來好難，我也沒能從中獲得幸福感。」

我哭笑不得，我對她的那些目標有些了解，可是從什麼時候開始，小目標都從「一個億」開始算了？好像立得不夠宏偉就不能顯出自己的雄心壯志，這樣的「小目標」，連自己都沒有能實現的信心，自然也就沒什麼動力了。這哪是目標？更像是鏡中

花、水中月！

「妳先按照我的要求來，不管別的，就根據妳現在的工作，設定一個目標，要給哪些學生提分多少，備課內容需要在多長時間內完成，上課的時候有哪些可以優化的內容……我們不玩五年計畫三年努力，就看看一個月之內會不會有什麼變化。」

聽起來像是洗腦似的，小魚將信將疑，還是決定試一試。

一個月後，再次看到小魚，她的氣色有了很大的變化。她說：「我突然覺得這份工作也挺不錯的，給自己設定一些小目標，然後努力去完成，雖然難度大一點的目標現在還沒有達到，但是這個過程已經給了我很大的成就感和幸福感。」

有了目標，小魚就沒那麼迷茫了，不會整天思考人生，而是真正投入到工作中。有學生喜孜孜地跟她說：「老師，真的太謝謝妳了！這次我月考進步了十幾名，如果不是妳，我都不知道原來自己還挺聰明的。」

小魚清晰地意識到，以前「付出是不會有回報」的念頭太過武斷，她沒有好好付出，也沒有認真地看那些回報，當然很難體會到幸福感。

從設定目標開始，其實就是換一種心態。**少想一些虛無縹緲**

Chapter 4

的「幸福感」，因為它不是靠想像就能得到的，而是在努力達成目標的過程中滋生出來的。成就感會產生幸福感，但不代表沒有達成目標就無法幸福；藉由努力的過程，認識到自己的價值，知道生活的意義，自然也就產生了相應的幸福感。

幸福感和你有多少錢、正在做什麼工作、是不是單身沒有多大的關係，它跟你的人生方向有關係。像無頭蒼蠅一樣四處亂撞，看起來很辛苦，卻沒有什麼回報，於是便產生了挫敗感，覺得自己過著糟糕透頂的生活，好像天底下芸芸眾生，自己過得最慘，沒有人能理解與同情。

有這種自怨自艾的情緒，說明你真的是太「閒」了，該給自己找點事情做做了！

「主動做一件事」和「被動做一件事」的區別真的很大，哪怕這件事對一個人來說是有好處的，當他是被迫接受的時候，只會顯得他被生活強迫著做這做那，沒有半點自由，如同被生活綁架一樣。無論哪個時期的人都會有逆反心理，這種狀態下如果還能感受到幸福，那才奇怪。

相對的，我經常能聽到那些目標堅定、眼裡可以看見方向的人訴說著生活的美好，不是粉飾太平，而是他們的確過得很幸

福。

　　我所說的目標感，不是畫出一個個註定會被打臉的大餅，而是指想要達到某個目標並且身體力行的行動。

　　同事阿魯是一個幸福感特別高的人，雖然他不是所有同事中最優秀的、履歷最輝煌的，但是絕對是所有同事中執行力最強，每天過得最開心的人。

　　阿魯稍微有點強迫症，他有很多本備忘錄，上面記錄著每天要做的事情，每做完一件就在上面打勾，甚至還有月度、年度總結。

　　阿魯從來沒想過要跟別人比較，跟人比是比不出幸福感的，他喜歡跟自己較勁，每做完一件事情就覺得自己比之前進步了一點，這還不值得慶祝嗎？

　　於是很多同事都喜歡跟他相處，在職場這個讓人疲倦的地方，阿魯就像是一個傳遞正能量的小太陽，人都是有趨光性的，誰不喜歡跟這樣的人交朋友呢？

　　但是阿魯並不是不知疲憊的機器人，只是他把工作、休息都安排得井井有條，他已經在用最好的心態去面對。就像闖關遊戲

一樣，日復一日的工作也是有很多小彩蛋的，他可以想出很多新的點子，他的積極創新還得到老闆的嘉獎，拿到不少獎金，獲得同事們的羨慕。

很多同事還在做老闆佈置的任務時，阿魯就已經在為自己的任務工作了。工資不是最好的獎勵，幸福感才是。

領著死薪水的群體或許是最容易產生疲憊感和混吃等死心態的人，可是無論何時你都需要記得，**你應付的不是聊以為生的工作，而是在經營自己的生活**，其實，薪水不是死的，老闆也不都是那麼刻薄，請記得為自己的人生奮鬥。

希望所有的人都可以少一點茫然，知道自己在做什麼、想做什麼、將要做什麼，並願意為之付諸行動。**不讓目標成為鏡花水月，而是踮起腳尖就可以摘下的蘋果**，你知道那是能夠靠努力得到的東西，於是你會去嘗試、去努力。

無論你是偉大還是渺小，無論你過著怎樣的生活，都能從努力中獲得幸福的體驗，因為這就是目標的意義。

CHAPTER 5

只要有堅硬的座標，
就能改變生活的模樣

我想要的，
不是舒服地活著

　　每年春節過後，都會有一大批人決定留在老家，不用再回大城市裡用力掙扎。這是人之常情，因為在外面漂泊，別人看到的繁華光景，都跟打拼者沒什麼關系。付出了汗與淚，存款餘額依舊是聞者傷心、見者落淚。

　　剛畢業的時候，每個人都可以說「為夢想、為自由」，可是再過幾年，就突然嘴軟了。

　　因為當你回到家鄉，參加同學聚會，別人房車俱全，然後問你：「當年的大才子在大城市裡過得怎麼樣？肯定不比我們過得差吧？」你只能敷衍地說：「還行啦！勉強糊口。」

　　別人以為你那是客套，只有你自己心知肚明客套的背後是殘酷的真相，每個月都在溫飽線上掙扎，連「水果自由」都無法達

Chapter 5

到。

　　總而言之,逃離大城市的理由太多了,霧霾太嚴重,在那裡多待一天可能就要少活幾天;交通太擁堵,上下班就像擠在沙丁魚罐頭裡似的;每天的生活都在加班中忙碌度過,別說提升自己,就連談個戀愛都是偽命題,看著曾經的老友妻兒和睦,嘴上說著不想結婚,卻也會突然有一種寂寥的感覺。

　　如同落葉歸根,候鳥返鄉,他們也想休息一下。

　　可是也有很多人,知道前途未卜,還是依然踏向那條大路,成為大城市裡的一隻工蜂,當你看見他的時候,差點認不出來,因為他太普通,也太弱小,只能成為無關緊要的背景板,只有當工蜂們聚集起來的時候,人們才會察覺到他們的存在。

　　琳姐去年升上主管,但她依然自嘲是大城市裡一隻沒有姓名的工蜂。

　　她今年32歲,目前單身,並且準備繼續單身下去。但無論她在公司有多體面,回到家中都要面對來自母親的橫眉冷對;她能搞定難纏的客戶,可是在老媽面前,就是技能再多也用不出來。

　　對上一輩的人來說,女孩子賺多少錢不是最重要的,重要的是穩定,找一個合適的對象,打拼什麼的靠男人就好了。

但琳姐無法苟同這樣的想法，她在外面靠自己的能力PK了眾多男性競爭者，回來卻要在「這些事情男人來做，那些事情女人來做」的條條框框下勉強生存，她只覺得自己快要呼吸困難了。

她不認為自己哪方面輸給了男人，他們做得到的事情，她一樣做得到，他們做不到的事情，她還能做得更好。可是很多人，包括親戚朋友，都無法認同她的價值觀。

「更可怕的是，他們會打壓妳的存在，好像女人過了三十，就成了路邊的野草，誰都看不上。你所有的努力在他們看來都是一文不值的，覺得只會給男方造成壓力。只有趕緊找個男人嫁了，相夫教子才是正確的路，可是憑什麼呢？」

琳姐有疑問，同樣也有反抗的勇氣。母親給她安排了相親，她一扭頭，就乾脆地說：「媽，公司那邊離不開我，我先回去了。妳安排的那些就算了吧，要去妳去，反正我是不會去的。」

一番話下來，把母親氣得直接掛她電話：「妳就繼續拖著吧！等好男人都被別人挑走了，總有一天妳會後悔的！」

後悔嗎？

別的問題琳姐可能回答不上來，但這個問題她不需要猶豫就

Chapter 5

能給出答案:「不後悔,因為這就是我想要的生活。」

別人可能會說這是何苦呢?那些相親對象條件好的不在少數,足以讓她下輩子不用奮鬥了,她膚白貌美大長腿,怎麼不好好利用這些優勢呢?原本有一條捷徑擺在面前,她卻偏偏要選擇那條難走的路。

琳姐聳聳肩,覺得這些問題根本不算是問題,理念不同,當然無法相互理解。

「我想要的,從來都不是舒舒服服地過完自己的一生,因為大部分的舒服等於庸碌,待在舒服的境地裡,很容易成為溫水裡的青蛙,依靠的男人可能會背叛你,再高的顏值也會隨著歲月逝去,等到那時候才發現自己舉目無親,什麼能力都沒有,就來不及了!靠自己活著會很辛苦,而且還要在男人堆裡殺出一條血路,可是安全感是其他人無法給你的。」

琳姐的話總是直指出那些被粉飾過太平的本質,她也的確見過太多生活在舒服裡喪失戰鬥力的人。比如她曾經的好友,為了嫁人回到老家,連以前最喜歡的日劇也沒人可以分享,為了顯得合群,當琳姐再見到她的時候,她嘴裡只剩下東家長西家短了。

後來有了孩子,卻遭遇丈夫出軌,身邊的人都勸她睜一隻眼

閉一隻眼，日子就過去了，只有琳姐跟她說：「這種渣男不分手是要留著過年嗎？」

她苦笑一聲，說道：「我知道妳說得都對，可是我自己沒有經濟來源，離婚後孩子該怎麼辦？」

這時琳姐面前的還是那張熟悉的臉，只是在歲月的風霜下有了皺紋，眉頭緊鎖，看不見往日的歡欣。

琳姐突然覺得她十分陌生，換成以前，嫉惡如仇的她肯定早早把對方踹了，可是現在她做不到，也不想做。也許再過沒幾年，她們就只能相顧無言了。雙方生活差距太大，沒有共同的話題，再好的朋友，也會失散在時光裡。

有的女孩覺得為男人洗手做羹湯才是生活，但也有些女孩，比如琳姐，覺得把自己活得漂漂亮亮才是生活。她才三十幾歲，正是人生的巔峰期。

「其實很多人最初都有夢，他們來到這個城市，想要在這裡擁有屬於自己的一席之地。漸漸地，有些人就放棄了，覺得能過好普通的一生就已經謝天謝地，於是陷入了舒服而平庸的生活裡。我想再堅持一下，過不舒服卻知道自己想要什麼的生活。」

這就是琳姐的初心，曾幾何時，她的好友也是有夢的人，她

Chapter 5

們一樣心懷憧憬,最終卻走上了截然不同的路。

琳姐絕不是唯一一個選擇堅持的人,春節過後,依然有無數的人坐上通往大城市的列車,他們知道自己要遭遇大城市的磋磨,但是他們臉上的表情卻如此相似,用「義無反顧」來形容最恰當不過了。因為前方有值得他們去犧牲和奮鬥的理由,有讓他們放棄小鎮溫床的原因,讓他們傻呼呼的投身大城市裡,恨不得拚一個頭破血流。

你為他們扼腕,他們臉上卻帶著笑容,因為頭破血流,那也是有熱血可流的人才有的特權。

你知道嗎?過得舒服是會上癮的。

就在我畢業那年,憑藉大學期間優秀的履歷早早找到了工作,之後心裡便沒有了壓力,每天吃吃睡睡刷刷劇,過得好不愜意,直到有一天我看到了以前一個同學,專業成績不如我,特長不如我,卻比我活得努力一百倍。

他沒有保研,但是考研出來的成績卻很好;他參加國考,筆試第一名;他去了很多招聘會,得到的offer比我還多。他說:「臨近畢業就忍不住焦慮,希望自己能夠做得更好,想要多去找幾條路。」

我在旁邊聽了默默臉紅，相較之下，我就成了一個沒有絲毫追求的人。因為小日子過得太滋潤，曾經力爭上游的我竟失去了危機感，也丟掉了競爭力。

工作是找到了沒錯，我也列了很多想趁著那段時間學習的東西，結果清單不知何時丟掉了，明明還有那麼多事情沒有做，怎麼能毫無負擔地休息呢？

看看別人，再看看自己，真的沒有什麼好得意的。我驟然驚醒，混吃等死很舒服，卻不是我想要的生活。漸漸地，我改掉了頹廢的生活節奏，當然，由奢入儉難，這個過程很不容易。

走自己想走的路，哪怕不是最近的路；過自己想要的生活，哪怕不是最輕鬆愜意的生活。 當你發現你的生活過於舒適，就該警醒一下了，舒服的生活是一種慢性自殺，在你最愜意的時候給你致命一擊，到最後，你都不知道自己為什麼會輸得這麼徹底。

也許「過得舒服」本來也是一種生活方式，如果這就是你想要的生活，那無可厚非；但是也許大多時候的你，還有一腔熱血未涼，不願庸庸碌碌過完平淡無奇的一生。

人生不一定非得波瀾壯闊，但也應隨你意願，磨該磨的刀，**在該奮鬥的年紀不放棄，在該追憶的年紀不後悔。**

Chapter 5

最靠譜的投資，
莫過於投資自己

　　朋友阿江最喜歡社交「投資」，他廣交各界好友，不管你有多麼落魄，不論你的夢想聽起來有多麼不靠譜，只要和他聊投機了，他都會非常慷慨地說：「我覺得你這個計畫挺靠譜的，一定要堅持下去啊！如果有什麼需要幫助的地方，一定要來找我，能幫的我一定幫。」

　　他的慷慨不止浮於表面，如果真的有人來找他幫忙，他必定慷慨解囊，既出錢又出力。這麼一來，向他尋求幫助的「朋友」也多了起來，少則幾百，多則上萬，遇到人品好的，還能夠如數還回來，如果運氣不好，可能就直接打了水漂。

　　阿江的家境算是不錯的，自己收入也挺可觀的，可是他的日子一直過得緊巴巴的，有時候遇到一些突發情況，反而要找我們

借錢。我們這些關係比較鐵的人看不過去，就勸他：「別把錢浪費在這些事情上面，有些人純粹就是騙錢的，你要小心！」

阿江不以為意地說：「被騙了一點的確是我吃虧，不過你們不知道，這就是我的投資方式，現在還不起沒關係，等哪天他們真的發達了，我豈不是成了選中千里馬的伯樂？你們一個個都說，要是有機會回到過去，就去投資馬雲啊！我只是比你們的執行力更強，投資給我看好的人，萬一對方就是下一個馬雲呢？」

原來他心裡自有一套「成熟」的投資體系，他也不指望借出去的錢會翻多少倍回來，但是如果能夠跟成功人士結下一段善緣，就當是交朋友了，多一個朋友多一條路，說不定以後會有需要他們幫忙的時候。

這就是阿江的「理財」方法，聽起來跟電影裡亂投資、廣撒網一樣不靠譜。可是阿江跟電影主角不一樣，主角自帶金手指，在規定的時間內必須花掉多少錢，阿江小有家產，無法讓他這麼揮霍。當然了，他沉浸在自己高明的理財方法中，聽不進勸，大家也就只能聽之任之了。

不過不知道是運氣始然，還是他的這種投資方式的確有一些可行性，他以前幫助過的人當中還真有混出頭的，有一個當了公

Chapter 5

司總經理,有一個創業獲得了C輪融資,看起來還不是個案。他們感念阿江的幫助,還時不時約他出來一起吃個飯。

後來阿江遇到一些麻煩,想請他們幫忙介紹幾個天使投資人,卻一個個面露難色地拒絕了。他們的大概意思就是:「如果是一點小錢,那麼能幫的我們肯定幫,可是你的產品他們不感興趣,我不能因為我們的私交就影響到正常的生意往來。江哥,大夥兒都知道你仗義,但現在是靠產品說話的時代,而不是靠關係。」

阿江也不喜歡為難人,就沒有繼續提要求。最後他改了好多個方案,才在沒有任何人脈的幫助下過了關。

這次事情之後,他突然有些醒悟,雖然每次約吃飯他們都會盡量過來,可是很少會給他介紹朋友,原因很簡單:因為他們處在不同的層次上,就算是介紹了,恐怕也聊不到一塊,索性從一開始就避免這種尷尬。

以前大家的水平都差不多,阿江還都能懂,後來不知從什麼時候開始,大家都已經走得很前面了,阿江還站在原地。顧及往日的情分,他們偶爾會約他出來喝茶、吃飯,但他們之間能聊的東西已經越來越少了,最後乾脆只聊過去,不聊未來。

此時他們的關係還可以，但隨著時間的推移，他們之間的關係將會越來越遠。

曾經阿江很迷信他自己的投資，可是經過幾次這樣的事情之後，他便開始懷疑起來，積累人脈的目的好像是達到了，大家也認為他是個仗義的人，但這又有什麼用嗎？沒有，到需要拼實力的時候，人脈沒有什麼用，唯一起到的作用，大概就是讓阿江知道自己跟別人的差距有多大。

「經營再多的人脈，也不如經營自己有用，既然懂得要提前投資別人，那為什麼不乾脆投資自己呢？」我這樣提醒他。

投資別人，肯定伴隨著一定的無效投資，連本金都收不回來的那種，投資了之後，看似攢了人脈，但如果自身格調不高，最後還是無效投資，人脈自然也就成了偽命題。唯有投資自己，你才能清楚地知道自己在做什麼，而提升了自己，自然而然也有了相應的圈子和人脈，這才是最有效的投資。

明白了這個道理，阿江便慢慢地改掉喜歡做「投資」的毛病。

看好一個人，想要跟他交好，這沒什麼問題，但別忘了只有我們自己的實力提升了，才有成為對方朋友的永久資格。站在原

Chapter 5

地不動,只會被對方甩得越來越遠,這樣一來人脈便會成為那空中的樓閣。

這時候又不得不提起另外一個愛做「投資」的朋友Maggie,在我們扼腕沒能及時加入阿里巴巴、騰訊的大工程時,她乾脆地說:「過去的自然是無法投資了,不過我覺得確定的東西還是可以投資一下的。」

朋友們紛紛追問,是不是有什麼內部消息,哪個專案是不是特別好之類的,結果她神祕兮兮地說:「一定不會虧本的投資,當然是投資自己啊!不管你把錢花到什麼地方,總不會吃虧的。」

大家紛紛覺得掃興,Maggie卻堅持著她自己說過的話。她捨得給自己花錢,花對的錢,花有用的錢,「連對自己投資都做不到的人,一定活得很可悲。懂得給自己增值,才是最重要的投資。」

大學畢業找工作的時候,一套好的西裝價格不菲,一般人可能隨便租一套西裝就很體面了,Maggie卻直接買了一套。買的和租的品質相差很大,也更合身,襯托得她更自信和精神,那一年,她拿錄取通知拿到手軟。

當然，她拿到那麼多的offer不僅僅是因為那一套西裝，她自身的實力也很強。但是正如她給學弟學妹們傳授經驗時說的那樣，吝嗇那麼一點小錢，反而更容易吃虧，先不看別的東西，光看氣場，你就已經比別人有了更多的優勢。只需要一點錢就能買到優勢，何樂而不為呢？

　　進公司以後，Maggie的崗位經常會用到圖像處理軟體，可是她和同期的新人都不怎麼擅長；新人眼疾手快地抱住了設計的大腿，請客吃飯帶奶茶，讓他幫忙做一下圖，但Maggie卻自己去報名培訓班。

　　同期的新人說：「沒必要那麼麻煩，找別人幫妳做一下就好了，自己學既浪費時間又浪費錢。」

　　Maggie微微一笑，也不反駁，她從來都不覺得多學一種技能是浪費。關係再好，找別人總有不方便的時候，如果自己會了，哪還需要四處求人？所以比起維護關係，她更喜歡用這些時間和精力投資自己。

　　後來Maggie在這家公司升到了總監，同期的新人大部分都離開這家公司。最重要的不是離不離開的問題，就算Maggie要走了，這個技能也已經跟她「綁定」了，她只會越走越好。

Chapter 5

　　如此之類的事情很多，別人不相信這種「投資」，她卻逐漸成長為一個光芒萬丈的女人。

　　懂得投資自己的人活得很瀟灑，有一個活得不怎麼如意的女孩向她請教：男朋友因為她不夠好想要分手，怎樣才能讓對方回心轉意呢？

　　Maggie直接將對方拉到鏡子面前，「比起考驗感情，先懂得對自己好，妳只有自己活得很高貴，別人才不會將妳當成廉價品。妳多長時間沒有好好敷面膜、化個妝了？即便有了男朋友也不能忘了自己。」

　　Maggie很為那些將自己的全部時間都奉獻給愛情、家庭的女孩不值，她們為瑣事操心，失去了自己的容貌和事業，有一天愛情或是婚姻無法繼續維繫，她們便驚覺連天都要塌下來了，惶惶然四處求助，卻發現沒有人可以幫忙。因為能幫她們的，只有她們自己。女人啊，學會給自己花錢，是一項非常重要的技能。

　　如果有姣好的容貌，又何必畏懼別人說黃臉婆？如果專業技能掌握得很好，又何必擔心無法回到職場？保持自己的價值，自然不必像抓著救命稻草一樣抓著誰，也自然不必每天患得患失，自然也就能變得優雅大方。

Maggie這些道理不僅僅限於女孩們，可以說是放之四海皆準的。有句話叫作「眾生皆有價值，你別活得太便宜」，懂得投資自己，懂得給自己升值，才是最大方的花錢姿勢。

　　當你在投資別人的時候，聰明的人卻在投資自己，讓自己成為更好的人，無須靠別人便能看到更好的風景，因為那時候他本人已經站在更高的台階上。

Chapter 5

沒有對現狀的深思，
所謂的勤奮就是無源之水

　　關於勤奮，我聽過最好的一句話就是「你以為你已經拼盡全力，其實都是白費力氣」。我不是一個很喜歡否定的人，但是對很多人所謂的努力，我會毫不猶豫地畫一個╳。

　　當有人來問我，「我已經很努力地生活了，為什麼我的生活還是這麼糟糕？為什麼我的生活還是一成不變？」我沒有半點驚訝，只會問，你現在處在什麼狀態，正在朝什麼方向努力。回答完這兩個問題，就像照鏡子一樣，我便對他的處境有一個大致的了解。

　　除了一小部分的人之外，大部分的人都活得很努力了，可是他們同樣也有這樣的疑問：我已經很努力了，為什麼回報卻配不上我的努力呢？就像是在跑步機上跑步一樣，看似做了很多努

力，實際上卻是在原地踏步。

舉例來說，以前農民做農活特別辛苦，日出而作，日落而息，每個人都練成了一把好力氣。可是他們的付出和回報對等嗎？

撇開產業化和科技化的因素，幾乎是不對等的，種出來的糧食用來養家糊口，偶爾還能換點錢，但是想要致富的可能性就很小了。是他們不夠努力嗎？好像也不是，為了糊口他們幾乎是在拿命在拼。

現在的年輕人種田的很少，可是在產業鏈轉型之後，何嘗又不是一種另類的種田呢？只知道賣弄力氣，卻不知如何才能讓產量更高，不敢嘗試新的種子，更不敢跳出屬於自己的那一畝三分地。原地打轉的付出方式，會讓你看起來好像很努力，但卻沒有任何效率可言。

效率是一個比努力更有用的衡量方式，問題在於，怎樣才能讓努力更有效率？最重要的是，要知道自己在做什麼，想做什麼，應該往什麼方向努力。連最基本的問題都沒有考慮好，努力就像是建空中樓閣一樣，沒有根基，頃刻便會崩壞。

臨近畢業的時候，大力開始思索未來何去何從。不管是考研

Chapter 5

或就業，都有利有弊。權衡許久之後，他沒能做出選擇，乾脆都先準備起來。所以他買了很多相關資料，每天踩著圖書館開館的時間進館，等著閉館音樂響起再出來，遇到難題就去宿舍的自習室通宵，廢寢忘食就是他的真實寫照。搞到後來精神狀態有點差，整個宿舍都不得不小心翼翼地，生怕打擾或刺激到他。

室友忍不住勸他要不要先選一個，否則多辛苦啊！

大力卻說，他還沒想好到底該做什麼，每個機會看起來都不錯，他哪個都不想錯過。

最後結果出來，大力差點崩潰，他考研沒考上，拿到的錄取通知都是他不太喜歡的。

更讓他覺得糟糕的是，那些不如他認真和勤奮的同學，要嘛考研成功，要嘛拿到大公司的錄取通知！

沒有對比就沒有傷害，大力開始覺得老天不公，明明他比別人更努力，付出的也不比別人少，結果命運卻給了一個讓他實在無法理解的處境。

「這跟命運沒有什麼關係，老天或許不公，但是這次真的不關祂的事。」我直截了當地告訴他。

準備那麼多東西，給自己施加那麼多壓力，卻連自己真正想

做什麼都沒想明白，糊里糊塗地想要遍地開花。結果自然就是如此殘酷了，他最想看到的花朵，都不認可他付出的汗水。

大力看似付出了很多努力，可是十分的精力分配到幾件事情上面，自然就被稀釋了，跟別人看似隨便但其實特別專一的努力比起來，還遠遠不足。把自己折騰得身心俱疲，除了身邊的人誇獎一句「你真勤奮」，什麼都沒得到。

對別人來說，他們在乎的是結果，而不是一個人看起來有多努力。

大力有些不服氣地說：「實際上確實有那種可以遍地開花的人！」

的確有那樣的人，可是我所認識的這類人，無一例外，都知道自己最想要的是什麼，知道目前的重點。比如確定自己想要考公務員，就把考研的想法放下，先全力以赴再說！

沒弄清楚自己最想要的是什麼，或者乾脆想著什麼有結果就選什麼，其實也是一種另類的迷茫。你可以想要在很多方面取得好成績，但一定要梳理出一個主次關係，到了關鍵時刻，捨棄可以捨棄的，堅持你該奮鬥的，而不是像無頭蒼蠅一樣，東飛飛、西看看，結果累到不行，停下來一看還停留在原點。

Chapter 5

大力很年輕,所以只要他願意,還是有機會改變的!

「如果你還想再試一年,先想好自己真正想做的是什麼,丟下其他的包袱,將你的努力最大化。就像你說的,你也不傻,怎麼會比不過別人呢?」

大力這次認真地思考了自己的未來,終於將目標定在考公務員上,他打算找一份相對輕鬆一些的工作,然後把大部分精力都放在公務員考試上。

學生時代大家都遇過這兩類人:一類是那種特別努力,但成績卻始終在中線徘徊;一類是輕輕鬆鬆,該休息的時候休息,該玩的時候玩,結果取得別人夢寐以求成績的人。

有人說,這是智商上的差距,但我並不贊同,後面這一類人更「聰明」——不是體現在智商上的,他們只是更懂得如何努力而已。他們不需要成為別人眼裡付出很多的人,因為成績就是他們最好的證明。

我專門請教過一些成績優異的學生,他們的答案大同小異:

「一味地拼命是最笨的努力方式,我們平時都會想著怎樣提高效率,別以為這是沒用的事情,磨刀不誤砍柴工。」

「喝咖啡提神?熬夜通宵?不不不,那樣對自己的壓力太大

了,連身體都沒有養好,學習起來會更吃力!睏了就先睡一會兒,睡醒了精神更好;餓了就吃點東西,沒必要一直強迫自己,學起來反而更輕鬆。」

他們不是不勤奮,只是不讓勤奮浮於外表。真正的勤奮,不必給別人看到汗水揮灑的過程,但是別人能夠看到優秀的結果。

小優就是這麼一個看起來不務正業的優秀學生,以前有同學來問他成績優異的方法,他都會如實回答:「在該做什麼的時候做什麼,別讓自己成為疲於奔命的那種人,這樣你就會發現自己的效率提高了很多,成績自然也就提高了。」

有個同學覺得小優藏私,提高成績的祕訣肯定不會這麼簡單,他想借一下小優的筆記,因為那個更有用。

小優無奈極了,如果她真的有什麼祕訣,早就奉獻出來了!但別人卻以為她太小氣,怕別人追上自己所以不願意分享。他們怕小優太努力,會趕上他們,但小優會害怕那種無效的努力嗎?

顯然是沒有,她連什麼是真正的勤奮都分不清楚,能夠對他的排名形成威脅的,當然還是那些知道該怎麼努力、該往什麼方向努力的同學。

在物理上有一個叫作「有用功」的概念,跟浪費掉的「無用

Chapter 5

功」正好形成對比，一定的力作用形成有成果的功，想要做「有用功」，方向很重要，跟我們說的「勤奮」有異曲同工之妙。物理學講究方向，抽象的努力同樣需要方向感。

想要努力很簡單，哪怕是原地踏步的人，也可以看起來像是付出了很多，然後他們心安理得地發出疑問：我已經很努力了，為什麼對我的處境還是一點幫助都沒有？

好多人被這樣一個陳舊的觀念束縛著：不管要做什麼，反正一股腦地往前衝肯定沒錯，堅持到最後，勝利肯定屬於你。

但現實是，這種勤奮往往是無效的付出，就連跑步比賽都要搞清楚你的跑道是哪一條，更遑論其他更重要的事情。

勤奮不是演戲，不需要給別人留下「你真的好努力」的印象，沒有目的地亂跑，只會讓自己成為無頭蒼蠅，看起來既慌張又盲目。

別害怕把時間花在冷靜的思考上，這不是浪費，也不是「無用功」，而是提升效率的最佳方式。認清楚自己是誰，認清楚路在何方，有方向性的勤奮才是最厲害的勤奮，才能有事半功倍的效果。

夢想的價值不在結果，
而在過程

朋友大頭是一個登山運動員，在朋友圈裡經常能夠看到他在各個名山大川打卡，一直以來，他都在努力挑戰新的攀登高度來證明自己。

不熟悉的人都會羨慕他的生活，能夠看不同的風景，在重重歷險中獲得榮耀，簡直比電影還要精采，誰不嚮往這樣的生活呢？

但我們都知道他每天過著什麼樣的生活，實在是羨慕不起來。

想成為一個作者，手邊有一台電腦，打開來就是寫，至於寫得好、寫得不好另當別論；想成為一個程序員，沒問題，做好髮際線不停上移的準備就好⋯⋯可是登山運動員不一樣，不是想當

Chapter 5

就能當的。

在登山之前,他們要做好大量的事先準備工作,不管是物資還是身體狀況,在沒有新任務的休息期間,必要的鍛鍊也是不能少的,根本沒有休閒期。

而上山了不代表成功就在眼前,幾個朋友興起的時候也想「挑戰」一下人生新高度,大頭就跟我們說起他在登山時遇到的危險:天氣驟變,人被困在山上,前不著村後不著店;氧氣不足,每個人的氧氣瓶都是各自的救命稻草,誰都幫不了誰⋯⋯

這些都不是大頭編出來的故事,有些是他親身經歷過的,有些則是同伴的遭遇。在登山的時候,他也遇到過冰棺,那是之前的登山員留下的,他們最後沒能回去,山上天氣極寒,屍體不腐,如果運氣好,有後來者路過,可能會將屍體帶下山,可是如果位置不好不便移動,就只能永遠留在這座山上。

看電影的時候你知道這是主角,經歷種種挫折坎坷之後,終究能夠化險為夷,雖然刺激,卻也有心理預期;但在現實中,沒有誰會是主角,只可能存在一些幸運兒,大頭自己也心知肚明,也許哪天,他也會成為其他登山者們路過的豐碑。

沒有這樣心理準備的人,無法成為一個合格的登山者。正是

195

因為抱著可能回不來的心態，才越要努力和堅持，不想辜負生命的最後一分鐘。

有一年大頭登山，不慎跌倒，從山坡上滾落下來，被同伴救下之後立刻送去醫院，還算及時，左腿康復之後能夠正常跑跳，但是醫生建議他以後不要再登山了，他的左腿已經負荷不了極限運動。而且登山對身體素質的要求更高，身體情況不達標，貿然去挑戰，不是找死嗎？

大頭情緒低落了很長一段時間，他對登山是真的喜歡，但是現實太過殘忍，剝奪了他最喜歡的東西，曾經陽光開朗的他每天都盯著天花板發呆，鬱鬱寡歡。

直到大半年之後，大頭突然打電話給我，說他決定要去登山了。我嚇得手機都差點掉了，連忙勸阻：「你應該知道自己身體的情況吧？別衝動，有什麼事情我們慢慢說。」

大頭平靜地說：「我不是衝動，我很清楚自己在做什麼，我這麼積極地配合康復治療，就是為了有一天能夠重新站在山峰之巔。你也有夢想，應該能夠理解我這種行為吧？我知道我已經挑戰不了最高峰了，但還是想挑戰一下自己的最高峰，我不想停下來。」

Chapter 5

　　聽完之後，我突然說不出什麼勸阻的話來了，因為我能夠理解大頭這麼做的心情。登山就像他的精神支柱一樣，只要他還活著，還能動，心底那個叫作渴望的聲音就不會停下來。

　　肯定有人會說，他註定攀不上聖母峰之類的山巔了，註定無法成為最優秀的登山者，他的堅持還有什麼意義？

　　可是夢想的意義從來都不是你一定要拿到第幾名，一定要成為行業的佼佼者才行，如果夢想如此淺薄，那想必無數的逐夢者都不配擁有姓名。夢想的意義在於它是一個人前行的內驅力，也許無法成為所有人中最優秀的一個，卻在這個追夢過程中達到了自我完善的目的，變得更優秀，同時也感受到了快樂。

　　大頭為了再次登山做好了萬全的準備，這次的山峰對以前的他來說是新手難度，但對於現在的他來說，是需要重新衝擊的目標。大頭的母親本來打算全力勸阻，可是看到重新煥發了活力的大頭，竟也無法勸阻他。

　　大頭得償所願，平安回來，他說，未來他還想繼續挑戰別的山峰，當然，他也做好了失敗的準備，但這並不會影響他繼續新的挑戰。

　　「在登山的時候，我覺得我每一個細胞都活了過來，人為什

麼需要夢想？大概就是因為在追求夢想的過程中就連呼吸都是自由的，我能夠感覺到自己存在的意義，我不知道自己什麼時候不能繼續登山，但是至少此時此刻，我就在路上。當然，對於登山運動員來說，肯定是要有目標的，登頂成功也會有成就感，可是，最大的成就感不是登頂的那一刻，而是在攀登的過程中。」

對登山缺乏了解的我一開始可能有點難理解，不過換成其他比較熟悉的領域，我就明白了。在追夢的路上，輝煌的確是登頂的那一瞬間，可是追夢的幸福感與充實感，卻一路伴隨，哪怕你身邊空無一人，也不會感到寂寞；哪怕你生活艱辛，也不會覺得痛苦。

夢想這東西，說起來有些虛無縹緲，可能某些人終其一生，都無法實現，但不代表這個人的一生就白費了，熱血從來不會被錯付。

誰都有可能會辜負你，但夢想不會。因為當你向著它前行的時候，它照在你身上的光亮和溫暖都是真實的，既然那麼努力又幸福的活過，又何來遺憾之說呢？

另一個朋友問我，他很喜歡寫作，工作之餘喜歡寫點東西，

Chapter 5

可是他沒有什麼寫作的天賦,是不是應該放棄呢?

「你在寫作的時候會覺得輕鬆愉快嗎?寫作會給你帶來正面的情緒嗎?」

「肯定會啊!不然怎麼能叫夢想呢?」

「那我建議你試試一個定律。」

我跟他說起了「一萬小時定律」,這是我之前的編輯告訴我的,現在我也繼續將這個定律傳遞給別人,「天分很難說,這個看不見摸不著,可是堅持卻很容易看到效果,有人告訴我,堅持做一件事一萬個小時之後,就肯定能做成!有時候比起懷疑自己行不行,更應該問問自己要不要去做、能不能堅持。」

在還想寫的時候,堅持寫下去,雖然我不能保證他一夜成名,也不能保證他在那麼長時間之後就一定能夠功成名就,獲得諾貝爾獎走上人生巔峰——我對自己都沒有那樣的信心。

但是我相信,為自己的夢想堅持,終將有所收穫,這個收穫或許是身心的平靜,也可能是財富的自由,終將在追逐夢想的路上發現夢想的價值,找到自己的人生意義。到了那個時候,哪怕沒有人讓他堅持,他也會自發地繼續走下去。

朋友突然笑了起來,說道:「我明白了,如果想要結果,

反而可能不會有結果,但是當我們走在路上,我們就在接近夢想。」

越是執著於結果,越容易失去初心,與夢想背道而馳。而在最簡單,同時也是最枯燥的堅持的過程中,最是容易找到開始想要的東西。

有一段時間很喜歡俄羅斯的一部電影《花滑女王》,女主角從小就以花樣滑冰為夢想,但卻被人評判為沒有天賦,她付出比旁人更多的努力,終於達到了榮耀的頂峰,卻在一次意外中摔傷,還遭遇未婚夫的背叛,但即便如此,她對花滑的熱愛依然不變。

夢想藏在冰裡,像是在對她說:「妳行的!」於是她重新從輪椅上站了起來,克服對摔傷的恐懼,她被取消參賽資格,但是觀眾席上的人們卻都在為她的表現喝采。縱使是電影,也沒有為她安排一個完美的結局,可是誰敢說這就不是圓滿呢?

夢想看似遙不可及,可是你我都不應選擇放棄。也許在夢想的眼裡,沒有誰是特別的,每個人都要像其他人一樣,慢慢地邁步向前,也許最後你會沮喪地發現,原來你沒有被眷顧,原來你還是平庸,可是起飛的那個瞬間,你很美,別人也會欣賞你的

Chapter 5

美。

眼裡只看到結果，你會感到痛苦和迷茫，會產生自我懷疑，不要害怕，回憶你最開始出發的目的，**你想要的不僅僅是實現夢想，而是窺見自我的價值，而這個價值，就在路上，無論艱難險阻，它都能讓你看到頭頂澄澈的星空**，這就是圓滿。

夢想帶來的不是完美，而是圓滿與無憾。

你必須精力充沛，
才能扛住世事艱辛

不知從什麼時候開始，「喪文化」越來越受當下年輕人的追捧。走到外面，能夠看到大家行色匆匆，擠上公車捷運，看到的都是一張張冷漠疲憊的臉，不小心站近一點，會發現對方警惕地看了你一眼，然後迅速地移開。

這個冷漠的世界，人和人之間看起來很近，高科技讓千里之外的人可以在瞬息之間近在咫尺，但那是物理上的距離，事實上人們心中的距離卻絲毫沒有縮短，反而有越來越遠的趨勢。

如今，熟人之間能聊的話題越來越少，反倒網友聊天還比較能敞開心扉。可是天一亮，你又重新畫好精緻而冷淡的妝容，投入新一天的工作中，因為你很清楚，陌生人無法給你答案，這終究是你的人生。

Chapter 5

每個人都在經歷世事的艱辛,以為有很多朋友可以一起分擔,但事實上,每個人都有自己的難言之隱,誰又能幫誰扛呢?最終,也只有自己苦苦煎熬而已。

阿蘭在學生時代就喜歡結交朋友,因此身邊有很多好朋友,他們談天說地,聊開心的事情,也會聊令人沮喪的消息,沒有什麼是不可以拿出來分享的。有這些朋友陪著,感覺沒有什麼難關不能度過,別人有很多煩惱,她看起來倒是天天都過得很開心。

可是畢業之後,阿蘭發現事情完全變了。她每天忙著上下班,應付著上司和甲方,每天擠公車回到出租套房,面對著凌亂的住處,她自己都忘記已經有多長時間沒收拾過了,因為有太多的瑣事盤旋在她頭上,讓她很難照顧到這些細節。

阿蘭打開手機,想要跟曾經的好友們抱怨一下這糟糕的狀態,卻發現不知從什麼時候開始,好友們的聊天群組被各種工作群組擠到後面,不管怎麼滑都是同事和客戶,需要靠搜尋功能才能找到。

以前和朋友幾個小時不聊天就很奇怪了,現在幾天不聊都是常態,幾個月不聊都算是正常。每個人都好像默認了成年人的社交守則——不打擾就是最大的善意。

阿蘭默默地瀏覽了一會兒對話框,還是沒有把吐槽的訊息給朋友發過去。哪怕誰都沒有說,她也能感覺到那種無形的隔閡,他們已經不是什麼都能聊的關係了。

　　她覺得自己以前過得很快樂,但是現在的生活卻像是一個無底洞,把她的快樂都吸走了。「成年人是不是沒有快樂?感覺生活好累,都快把我壓垮了。」

　　阿蘭渾身上下都充斥著疲憊感,沒有人能夠幫她分擔這種壓力,不僅是朋友,就是面對父母,她也只能擠出笑容表示自己一切都好。**大人在殘酷的世情面前,好像毫無還手的能力。**

　　我告訴她,成年人的世界裡遠遠不止這些艱辛,但越是這種時候,越要保持自己心態上的積極。**即便你過得更喪志,命運也不會因此而放過你,給你半點優待;而積極向上的人,生活雖然不會因此而變得更好,但是可以看見光的人,才能在冰冷的世界裡感受到溫暖。**

　　很多時候沒有人可以幫你,這時安慰你說先苦後甜,生活會善待你,那是童話故事裡才有的橋段,等你經歷了一些風風雨雨,就不會再相信這套說辭。

　　可是,抱著不同心態生活的人,最後的結果是不同的。只有

Chapter 5

精力充沛的人，才能在黑白分明的生活中看見彩色的光芒。

以前我特別羨慕朋友老李，他每天都笑嘻嘻的，跟他在一起會不由得感覺到很輕鬆，好像沒有半點負能量。老李有一份不錯的工作，雖然單身，但是一個人也把自己的生活安排得井井有條，該吃吃該喝喝，有假期的時候就出去玩，小日子過得有聲有色，看起來沒有什麼負擔。

有時候我也會跟他訴苦，聊起人生艱難的事情。負能量堆積多了，好像不找個人宣洩會把自己憋壞似的。每到這個時候，老李就會特別包容地說：「生活就是這樣，要保持樂觀向上的心態，你會發現一切都會好起來的。」

我還是蠻吃這一套的，被安慰一下，心情就會好起來，可是有一段時間，工作、生活處處都不順心，覺得自己過得糟糕透了。當老李再次以這套說辭安慰我時，我的情緒一點兒都沒有好轉，反而更加糟心。

「你什麼都不知道，沒有壓力，也沒有遇到那些糟糕的事情，站著說話不腰疼。」

那一次，老李跟我說了他的故事，我本以為他沒有多少煩心事，沒想到他只是藏得比較深而已。

很多人都以為老李的出身比較好，才能有這樣開朗的性格。事實上，他的老家在農村，母親早逝，父親是個農民，供他上大學就已經費盡了心力，還沒等他正式畢業，父親在山上摔斷了腿，成為需要他照顧的人。

老李休學一年，打了好幾份工，攢了一些積蓄，可以請人照顧父親了，才重回大學繼續讀書。他大學畢業那年，父親離世，他都不知道該說這是一種解脫，還是一種悲傷。

他來不及沉浸在打擊中，便投入了工作，在父親去世之前為了讓父親得到最好的治療，也為了能夠繼續自己的學業，他和銀行貸款，畢業之後要抓緊時間把錢還上。

前一段時間，他剛剛把所有的貸款還完，總算是無債一身輕了，沒想到竟然遇到公司的裁員風潮，而相親的女孩子也嫌棄他的出身，他一個人孤零零的，連生病都要自己去醫院，想找個朋友陪，又害怕打擾對方。

生活從來都沒有對老李仁慈過，他只是想盡辦法讓自己過得很好，苦中作樂。他知道不少人對他的生活狀態有一些誤解，可是他從來沒有解釋過。

我感到抱歉的同時，忍不住說：「對不起，我不知道這些事

Chapter 5

情,為什麼以前你什麼都不說呢?說出來至少能有人幫你分擔一下,也能減少大家對你的誤解。」

說到那些令人感到難過的事情,老李的嘴角依舊掛著笑容,淡淡地說:「沒有必要啊!我沒有想過用這些事情去博取別人的同情,能夠讓大家認為我過得很好,就證明我真的把生活過得很精采。」

生活很苦,可是他想要將生活過得更甜。女孩子嫌棄老李的條件不夠好,那他就乾脆保持單身,兩個人在一起能擁有的幸福,他一個人也能做到。有朋友因為各種各樣的原因跟他漸行漸遠,他也不生氣,反正朋友就是能夠陪著他走過一段路的人,不能走到最後太正常不過了。

老李沒什麼存款,因為他覺得自己沒什麼負擔,平時工作本來就很累,該享受的時候就該對自己好一點,所以他從來都不會虧待自己,美食、休閒、旅行……就這樣給人留下了「他生活得很好」的印象。

「活得那麼累的意義在哪裡?玩遊戲都有一個回血的機制,平時的生活更少不了回精力的這麼一個過程,**恢復精力的速度夠快,才能在這一條不歸路上嘗到一絲甜味。**」老李這樣說。

有人曾說過，所謂樂觀的人，其實就是一些比較天真的人，因為他們沒有看到生活的殘酷，才能夠保持心態上的單純。知道老李的境遇之後，我想，**樂觀的人不是沒有被生活摧殘過，而是遇到了糟糕的事情之後依舊能夠保持心態的陽光與健康，沒有失去希望。**

那些笑得最開心的人，不一定就是被上天眷顧的命運之子，但他們一定是最懂得生活的本質，心態最積極、精力最充沛的人。你以為他們沒有遭遇挫折，事實上，他們的挫折來得比誰都早，只是他們選擇了在強壓下頑強生存。

這的確是一個冷漠的世界，行走於世間，誰身上可以避免沾上風霜雨雪？無論是家財萬貫，還是一貧如洗，以不同方式開始的人生，都有著不同的人生境遇，但卻都有著生活施加的種種煩惱，使人心碎，使人疲憊，使人的熱血漸冷，使人失去最開始的希望。

可是生活不是在告訴你「放棄吧，大傻子」，而是在告訴你，**你要學會用自己的光芒與熱情去融化生活的冷漠。**

在這個過程中，難以避免地會灰心喪氣，覺得自己已經被生活碾碎了。越是這種時候，越需要維持心態的樂觀，不要忘記及

時恢復自己的精力，才能重拾與這個世界對抗的勇氣，才能找到屬於自己的幸福和溫暖。

命運很公平，該給你的磨難和坎坷一點都不會少，誰又能比誰幸運呢？只是每個人的姿態不同罷了，因此每個人看到的風景也都不一樣。

無論你身處何地，都別忘記成為最陽光、最快樂的人，因為只有這樣的你，才擁有與糟糕的世界對抗的力量。

CHAPTER 6

我就想這樣
放肆地活一次

你做不好的事,
大部分都是你不渴求

阿立在一家電商公司做文案,每天工作都充滿負能量——

「今天被老闆罵了,說我的文案寫得不夠好,根本不能為店鋪吸引流量,也不想想,要是我有天天寫爆款的能耐,還會待在這裡拿這麼微薄的薪水嗎?」

「這份工作我一點兒都不喜歡,一天到晚對著螢幕,腰酸背痛,職業病都要有了!每天都覺得自己下一秒就想把辭呈遞到老闆面前。」

我冷不防地對他說:「要不你就辭職吧!」

阿立愕然,沒想到我會這麼說,因為一般人在抱怨之後,聽到的都是「嗯嗯,的確太過分了!」「哎呀,你留在那裡太屈才了,老闆就知道瞎指揮,有本事讓他自己上啊!」如此這般,抱

Chapter 6

怨者就如同泄了憤，也鼓起了繼續生活的勇氣。

　　簡而言之就是，很多抱怨的話其實都是自己嘴上說說而已，不是真的要這麼做，如果有人當真那就太傻了。阿立也是一樣，只是想透過吐槽來表達自己對目前工作的不滿，朋友們肯定是跟他站在同一戰線的，這麼一來，他也就有了繼續工作的力量。

　　以往我都會好好配合，可是這次卻不想再配合他演出了！

　　「因為做了自己不喜歡的職業，所以就三天兩頭的透過傳遞負能量來表達自己的不滿，這樣一來，你就為自己的平庸找到了藉口。事實上你都沒有去努力過，做不好一件事不是很正常嗎？」

　　不管做什麼事情，隨便做做就能成功，聽起來很厲害，卻只是少部分人擁有的特權。大部分的人，包括阿立在內，都是普通人，需要全力以赴，才能把一件事情做好。沒有付出相應的努力，卻要得到相應的認可，那真的太難了！

　　我記得曾經的阿立不是這樣的，他有自己的理想，大學的時候特別有幹勁，專業課年年第一，每學期都拿最好的獎學金，他信誓旦旦地說：「我一定要成為一個優秀的人！做這些事情的時候，我能夠感覺到自己人生的價值，這太棒了！」

當時，我能夠從他身上感覺到明顯的向上的動力，朝氣蓬勃，就是有外來的壓力落在他身上，他依舊能夠輕鬆應對。阿立不是特別高也不是特別帥，不過一群人站在一起，別人總是能夠一眼認出他來，因為他身上的精氣神跟別人很不一樣。

　　但工作之後，他身上原有的那種朝氣不知哪裡去了，一個平庸的普通人便自此突顯了出來，不知道努力，只學會了抱怨。哪怕是讓以前的阿立本人來看，可能都認不出這是他自己。

　　偽裝在阿立身上那層遮羞布被我直接揭開，他臉上有些難堪，最後慢慢地垂下頭說：「我也不想這樣。」連他自己都不明白，怎麼一天天地就變成今天這個樣子了？

　　我知道他是怎麼一步步變成這樣的，因為他現在做的這份工作，本身就不是他自己喜歡的，沒有了奮鬥的激情，在職場上得過且過，自然也就無法在工作中得到認同感。

　　「所以我建議你辭職，而不是逐漸因為被同化，最終徹底不知道自己該幹什麼。」

　　「可是我該找什麼樣的工作呢？家人說等我找到工作，受苦受累是避免不了的，核心就是一個字『熬』，熬出頭了就好說了，很多年輕人太嬌氣，撐不住，在各種公司跳來跳去，反而成

Chapter 6

了職場上最不受歡迎的那一類人。」阿立聽了太多的前車之鑑。從他的實際情況來看,的確就是一個熬字!

如果只看表面,阿立所學到的經驗還是很有幾分道理的,任何職業,無論看起來有多光鮮,背地裡都是別人看不見的汗與淚,而經常跳槽的求職者,的確很容易受到用人單位的質疑。

可是,不管這些多麼有道理,都不是一個人渾渾噩噩的工作和生活的理由。

工作可能是辛苦的,可是你自己願不願意承受這份辛苦,就預示了結局的不同:一個甘之如飴,主動向上;另一個上班摸魚,混吃等死;只要老闆的腦子還在,他就知道該給哪個員工加薪升職。

就像大學期間,也不是沒有同學說學業太重,某教授佈置的課題太難,學校管得太嚴,沒有自由,這些條條框框同樣也約束在阿立身上,但是那時他卻沒有這麼多吐槽,反而是聽別人吐槽的人。

為什麼?因為有人覺得那是煎熬,阿立卻無法認同這樣的說法,反而覺得這是讓他進步的機會。

千萬別讓「履歷好看」成為你苦苦守在崗位的理由,這一條

規則只是為了讓你不跳槽成癮,卻從來沒有限制你去尋找自己喜歡做的事情。一個人能做的事情有很多,可是拼盡全力也想做的事情,一輩子可能就只有那麼幾件,千萬別把兩者混淆了。

「我不知道你想做什麼,我只知道你不喜歡現在的工作,你真正喜歡的是什麼,就需要你自己去尋找了!比如你大學的時候一直想做自媒體,現在也可以去做啊!不要老等著別人告訴你應該怎麼做。」

阿立的眼裡露出了緬懷的神色。他以為,成年人應該是懂得取捨,在普通的崗位上也能夠按部就班,卻不知道能夠順著自己的心意去奮鬥才是成年人的標誌。

堂姐是個寵物醫生,不要以為寵物醫生就是那種擼擼貓、遛遛狗的輕鬆工作,也不是養寵物那樣每天曬一點萌照的生活,作為動物醫院中技術最好的醫生,她的手術時間幾乎是排滿的,忙起來連吃飯的時間都沒有,一天下來腰酸背痛,而且有些貓貓狗狗的防備心很強,她的胳膊上時常能夠看到掙獰的抓痕。

叔叔嬸嬸紛紛勸她換一份工作,當寵物醫生有什麼好的?又髒又累,薪資比一般工作稍微高一些,那也是些辛苦錢,她的付

Chapter 6

出和回報一點兒都不對等。

我也挺好奇的，雖然頂客族越來越多，但是動物醫院開得太多了，利潤降下來，終究沒有其他醫生有前景，她怎麼會想著從事這麼一個職業呢？

堂姐苦笑著說：「如果不是真的喜歡，誰又會像我這樣為愛發電呢？不過我還是蠻慶幸自己當了寵物醫生，想像自己安安穩穩地坐在辦公室裡，每天敲敲鍵盤、整理材料，我就覺得這樣的生活沒意思透了，我一點兒都不想成為其中的一員。」

因為熱愛，所以她覺得自己的收穫遠比自己的付出多很多。或許在一些人的眼中，貓貓狗狗不值錢，跟人完全不能相提並論；但對堂姐來說，救下一隻小動物帶來的成就感，與醫生救下一條人的生命是一樣的。

因為熱愛，所以才會有職業認同感，在外人的面前也才會自豪地介紹自己從事的職業，職業是沒有高低貴賤之分的，最重要的，還是要看你能夠為之付出的心力。

寵物醫生這一行更新換代的速度也特別快，堂姐雖然已經是他們醫院的支柱，卻還要不停地參加培訓和進修，否則一不小心就可能會被淘汰。

既然工作是不可能換了，但我還是勸堂姐一句：「沒必要把自己弄得這麼辛苦，該休息還是要休息一下的。」

堂姐反過來問我：「妳既要工作，還時不時地寫稿子，挺辛苦的吧？怎麼沒見妳休息呢？」

我支支吾吾地說：「也沒有很辛苦，都是我自己想做的事情。」

「對啊，這也是我想做的事情，如果及時的充電能讓我做得更好的話，何樂而不為呢？比起辛苦，我更認為這是一種樂趣。辛苦是表相，過程中的樂趣才是本質。當你真的特別想做一件事的時候，你一定無法忍受自己的普通，你只會想著要把這件事做得更好。」

我深深同意。過著平凡生活的你我，都應該找到屬於自己心甘情願「苦中作樂」的事情，不論是什麼職業，不論薪水高低，只因為一個人在發光發熱的瞬間，看起來最美。

後來阿立辭職了，去了一家不錯的自媒體公司。我看到他每天熬夜加班，可是他臉上的笑容卻是發自真心的。

當你厭倦一份工作時，你總是能夠找到很多厭惡它的理由；可是當你熱愛一份職業時，你總是能夠從很多角度找到自己的不

Chapter 6

足,然後努力做到更好。

別將「不擅長」歸為「沒天分」,或許是你根本不想為這件事付出那百分之九十九的汗水。找到你願意為之付出努力的事情,並持之以恆地熱愛下去,這就是一個人變得優秀的原因。

熱愛生活，
才是人生真正的放大器

　　小美在報紙社會版做記者已經五年了，活得越來越喪志，對自己的工作也失去了最初的熱情，問她原因，她說：「在這個版塊，你總能看到很多糟糕的事情，刷新你的認知，讓你對這個世界失望。在這個領域工作時間久了，連自己的情緒都會被影響。」

　　當初她以為自己是一把利劍，可以斬斷世間許多不平之事，想著自己經歷過許多生活的不幸之後，可以指引人們走向幸福。後來小美才知道是自己想太多了，社會版塊記者也只是一份職業，純粹是為了養家糊口而已，哪有她想像的那麼偉大？

　　在這條路上摸爬滾打久了，見過的糟心事多了，滿腔的熱血便逐漸涼了下來。小美連自己都幫不了，更別說給別人提供什麼

Chapter 6

幫助了!

就像她同事說的那樣,「靠赤誠做這份工作是堅持不住的,因為總有一天這份赤誠會被消磨完,你就當自己是個局外人,該幹什麼就幹什麼,只有自己的心情好了,才能持久下去。」

道理都懂,只是做不到那樣灑脫而已,小美無法保證自己的心態不被那些事情影響,有一次她還自暴自棄的說:「我乾脆申請調到娛樂版塊去好了,當一個明星狗仔,既輕鬆又省事,還能避免惹上一些麻煩。」

雖然這和她最初的期許大大不符,但是真正成了一名記者之後,小美才知道各有各的辛酸,她自己也只是維持著表面的風光罷了,說不定收入還不如娛樂版的記者呢!

唸唸叨叨了很長時間,也沒看到小美轉到娛樂版去,有段時間沒見之後,約她吃飯,發現她臉上的陰鬱都散去了,笑意融融,如同陽光乍現,給人的感覺非常好。

其實這笑容並不陌生,在進報社工作之前,小美臉上經常洋溢著這樣的笑容,只是煩心事多了,笑容就隨著她的熱情一起消失了。再次看到這樣的笑容,竟覺得十分久違,也覺得欣慰。

我忍不住問小美:「是有什麼好事發生了嗎?有男朋友了?

還是買中樂透了？」

小美笑著對我說：「妳怎麼是這麼膚淺的人？沒有這些事情，我就不能高興了嗎？我是因為我的工作而感到高興。」

我恍然大悟的問：「哦，妳已經調部門了嗎？」大概只有遠離原來工作的荼毒，才能讓小美恢復原本的活力吧？

沒想到我也有猜錯的一天，小美憋著笑回答我說：「沒有，我還在原來的部門，而且不準備換單位了，我覺得現在的工作很好，非常適合我。」

我不知多久沒有從小美嘴裡聽到她對這份工作的誇讚，怎麼短短一段時間沒見，她就跟換了一個人似的？原諒我的腦洞比較大，一下子就聯想到了一些比較奇幻的事情上，我開始上下打量她，擔心她被調包了。

各位看官可以放心，小美身上沒有發生任何怪力亂神的事情，不過她看懂了我的眼神，噗哧一聲笑了出來，「改變太大你都認不出我來了嗎？別胡思亂想了，我就是採訪了一個給了我很多感悟的人，讓我重新撿起對生活的熱愛，突然覺得生活中還有很多美好的東西。」

前陣子，小美採訪了罹患胃癌晚期的郭女士，她才五十多

Chapter 6

歲,卻被病魔折磨得不成人形,能治療的方法都用過了,剩下的時間最多只有半年。她的身體情況很糟糕,但心理狀態卻很好,雖然身體疼痛難忍,臉上卻始終露著優雅的笑容,衣服穿得優雅得體,看到她,就能想像到歲月靜好的樣子。

小美很難想像這個世界上怎麼會有這樣的人存在,換成是她,可能早就被折磨得喘不過氣來了,不是每天以淚洗面就算是忍耐力很好了。痛苦和無望,是人對生活產生怨懟的首要因素。她見過許多許多心灰意冷的人,郭女士反倒是其中的一股清流。

她當然得問問郭女士是怎麼做到的,強顏歡笑?不太像,因為經歷這樣痛苦的人,是沒有太多精力去強顏歡笑的。曾經有句話說得很有道理:**愛笑的女孩運氣不會太差,因為運氣太差的女孩根本笑不出來**。不只是她,但凡正常人都不會在郭女士的處境下笑出來。

郭女士微笑著說:「因為該享受的事情,我都享受過了,你們看到了生活給我帶來的不幸,我看到的是生活給我帶來的幸運。確診之後,我就列下了很多想做卻因為各種原因沒有去做的事情,我去過冰島,看過極光,沖過浪,吃了很多美食,覺得沒有辜負這一生。如果有一天醒不過來了,那就美美地死去,這樣

一想，還有什麼好焦慮和遺憾的？」

現在的郭女士，每天聽聽音樂，散散步，天氣好的時候看看燦爛的陽光，下雨的時候就聽聽雨聲，竟然覺得生活充滿了美好。

郭女士並不是天生豁達的人，在知道自己罹患癌症之前，她不過是一個普通的婦人，為了一點雞毛蒜皮的小事冒火，為生活的瑣碎心煩意亂。確診之後，她覺得天都塌了，但正是因為時日無多，她才決定換一種姿勢擁抱生活，換一種心態去看待這個世界，她發現生活竟然有如此多的美好之處，令人無比眷戀。

「所以啊，煩惱的年輕人們，不要太著急，生活中的美好之處很多的，如果你只會憎惡，那麼溫暖就無法靠近你。有時候生活比較調皮，把最美好的東西都藏在角落裡，需要靠你自己去發現。」

採訪了郭女士之後，小美有了很深的感悟。社會版的記者，不僅是為了發現醜惡，更應該是去發現一些溫暖甜蜜的東西，眼睛裡只有不幸的境遇，怎麼可能幸福得起來？

小美驟然驚醒，不管是哪個行業，都能夠看到黑暗與光明。如果她的心態不能及時轉變過來，不管調到什麼部門，都無法振

Chapter 6

作,如果是這樣的心態,再美好的生活也總能夠發現讓她不滿的東西。

小美刪掉了存在電腦裡的轉調申請書,嘗試去發現生活中美好的東西,社會版其實也沒有她一開始想像的那麼糟糕。她遇到過擋住鏡頭不讓她拍攝的人,也遇到過對她萬分感激的人,她見過醜惡,離真善美也特別近過。

不管她報導了什麼,溫暖和善意都在那裡,不增不減。小美重新找回了當初選擇這份工作的初心,報導糟糕的事情不是目的,讓人在黑暗中依舊看到溫暖才是。她身處其中,一不小心就會被深淵捲進去,越是這個時候,越是不能忘記抬頭看天上的燦爛陽光,只有這樣才能找到最初對生活的那份熱愛。

我也因小美的轉變而感受頗深,我無緣得見那位郭女士,卻能夠感受到她身上那種優雅和美好。時間在我們身上粗礪地滾過,有的人留下的是美好的珍珠,有的人留下的卻是一文不名的沙粒,最大的區別是我們每個人對待生活的態度。

後來也有很多人跟我訴說生活的無望之處,希望我能夠為他們指明一條道路,讓他們重新找回初心與熱情。

我反問他們:「那能不能先跟我說說你看到的美好的東

西？」

他們的回答各有不同，有的說早起深呼吸的時候，看到的晨光最美；有的說每天回家看到社區裡有個女孩餵流浪貓的時候最美；有的說累了一天客戶帶了奶茶來慰問很幸福……說完之後，他們不由失笑：原來生活還有這麼多的美好之處值得紀念。

不需要我為誰指明一條路，**每個人的生活中都各有光明，當你以熱情擁抱，它自然以溫暖還你。**

生活不怕糟糕，就怕辜負。我相信生活在塵世中的人，時常都會產生倦怠之心，棱角被磨平，熱血被澆滅，彷彿生活只剩下了日復一日的枯燥和喪氣，逐漸成了沒有期待和希望的人，每天都不過是重複著生存的姿勢而已。

這種心態再正常不過了，可是我們懂得為器物除塵，但卻忘了給自己的心靈時常去除一下塵埃，千萬別讓這些塵埃遮住了生活中的光與亮。

我們會走過泥濘，但別忘了陽光；我們會迷失方向，但要記得璀璨星空會為我們指明方向。

我所謂的熱愛生活，從來都不是強顏歡笑，而是你在黑暗中穿行，卻看到了光，並因此感動到熱淚盈眶。

Chapter 6

錯誤往往不是答應得太早
就是拒絕得太晚

　　平時最怕遇到兩種人——第一種叫作「好好先生」，不管面對什麼請求，無論自己的能力是否允許，他都會告訴你「沒問題，交給我」；另外一種就是「不靠譜先生」，拜託的事情過了許久之後，才突然給你發消息「這個我沒時間做了」或者「很抱歉，這個我做不來」。遇上這兩種人，立刻就能把你搞到崩潰。

　　不管是答應還是拒絕別人，都要講究時機，沒考慮到當時的情況，答應得太早不好，猶猶豫豫下定決心拒絕，卻拖了別人很長時間同樣糟糕。

　　阿兔的脾氣軟綿，不擅長拒絕人，有時候哪怕是讓她很為難的請求，她也會咬牙答應下來，到後面發現事情解決不了，又怕得罪人，就只能自己花時間和人情去請別人幫忙。

明明有時候是好心幫忙，卻搞得自己身心俱疲，實在太不值得了，她受自己這個性格困擾已有很長一段時間了，有心想要改掉這個毛病。

有人給她出主意，讓她不要害怕得罪人，學會直接拒絕別人。一開始害怕得罪人，結果後來沒有把應允的事情辦好，這才會成為真正的「背鍋俠」！

阿兔覺得這麼說很有道理，就嘗試著這麼做了。正好有個朋友想讓阿兔做一個聲音的後期處理，她本來答應了，可是最近她有點忙，要做的話就得自己熬夜加班，她不想這麼累，正好就試驗一下那些方法有沒有用。

但是一要開口，阿兔還是覺得不好意思，這樣做到底好不好？會不會讓人覺得她太小氣？輾轉反側了許久，總算是咬咬牙、狠狠心拒絕了。

阿兔發現，不好意思拒絕，其實都是拒絕之前的糾結和痛苦，真的這麼做了，反而一身輕鬆。

有的朋友在遭遇了她的拒絕之後，就沒有聯繫了，她想要找對方出來聚聚，對方也是一副冷淡的樣子。過了一段時間，阿兔發現朋友圈裡傳開了她這個人不講義氣的消息，始作俑者正是被

Chapter 6

她拒絕的那個朋友。

阿兔頓時就鬱悶了，她不想失去這個朋友，更不希望在朋友圈裡留下這麼一個名聲，她忍不住後悔起來，是不是她做錯了什麼？是不是不應該拒絕對方？

我問她：「妳拒絕他的時候，距離答應他的時候過了多久？」

「大概三、四天吧？也可能是五、六天，我記不清了。」

「如果換成是我，我也會對你不滿。一開始妳答應了，我當然會覺得妳可以搞定這件事情，不會再去找別人了；可是耽擱了幾天，你突然又說不行，他該找誰說理去？也許人家不是怪妳拒絕，而是怪妳明明沒有要答應，又拖了這麼長時間，這不是耍別人嗎？」

而且，在學會拒絕的同時還要學會辨別朋友！

「如果因為你的拒絕就不跟你往來的朋友，顯然不是什麼真心朋友，能夠乘機鑑別出來，從此斷了聯繫也挺好的。」

如果真是那種只想利用你的朋友，失去了也沒什麼好可惜的，可是有時候也不妨思考一下，這件事搞砸了有沒有自己的責任？

比如以為一個很靠譜的朋友，你很放心地將事情拜託給他，沒想到快到最後期限時，他卻突然告訴你，要你去找別人，他做不了——遇上這樣的事情，你能不上火嗎？不立刻翻臉已經是很大的修養了。

從別人身上找原因總是簡單的，但是有時候人也應該自省。像阿兔一樣想要將所有的責任推在朋友身上，好像也沒什麼問題，可是為人處世都這麼做的話，未來朋友越來越少，好像也在意料之中了。

拒絕是一門藝術，在什麼時候拒絕很關鍵。如果一開始就不想做這件事，那麼千萬不要滿口答應，給自己攬事情，拒絕要趁早，而不是猶猶豫豫，既想不得罪人，又想要拒絕，這麼一來，很可能得罪了人還不自知。

阿兔知道了自己的問題在哪裡，誠心去找朋友道歉，朋友倒也不是那種不講理的人，直接說：「這次就算了，下次如果有心要拒絕，就別答應得太早，也別拒絕得太晚。如果你一開始就拒絕我，我就算心裡不舒服一會兒，很快也能理解。但是都過了那麼多天，我還以為妳已經要做完了呢！」

阿兔越聽心裡就越慚愧，還好在有效的溝通後，他們的友誼

Chapter 6

還能繼續保持。後來她再接到別人的請求，都會先考慮自己能不能做，要是不能，一開始就直接拒絕，果然少了很多煩惱。

不管什麼事情都能滿口答應的人，不一定是講義氣，當然了，想拒絕卻又拖拖拉拉，導致別人誤會以為你能搞定，這種性格也有問題。

達哥是某企業的部門主管，他在招聘的時候，經常會問一些軟體使用的問題，比如「✕✕✕會嗎？」有些應聘者會特別有信心地表示「熟練」或「精通」，可是等他問到更具體的問題後，往往就答不出來了。

所以他從來都不相信簡歷上寫的那些精通某某軟體的漂亮話術，要是真的相信了，可能就要栽一個大跟頭了！會打字就說自己熟練Word，會製作表格就說能掌握Excel，知道程序語言就自稱會C語言……這些套路，他屢見不鮮。

別以為這樣做真的可以加分，至少達哥不會看這些，那些敢說自己「沒有完全弄懂」的人，反而有更多的勇氣和向上的空間。

兩年前達哥帶過兩個實習生，最後只能留下一個人。其中一個積極，另一個比較木訥，看起來就像是運氣爆棚才進了公司，

達哥自然也更傾向於留下第一個。

平時有什麼事情，達哥更喜歡交代第一個實習生去做，因為他看起來比較機靈，交給他辦事，達哥也放心；反觀另外一個，時不時冒出一些非常簡單的疑問句，都快問出十萬個為什麼了！

有一次，達哥給第一個實習生佈置了任務之後，他遲遲沒有完成，眼看著客戶就要過來做測試了，達哥三催四請，他才說了實話：「達哥，這個部分我之前沒有接觸過，我很努力想做，可是真的做不來。」

達哥差點被氣了個仰倒，既然不會，之前為什麼不說？接任務的時候表現得那麼運籌帷幄，後面也沒有來問，達哥想當然地以為這件事可以放心交給他。

實習生低垂著頭說：「因為我在你的印象中很厲害，我不想破壞這個印象，讓你以為我是一個無能的人。我以為只要花一點時間就可以搞定的。」

達哥這才明白，平時他吹噓出來的履歷，有不小的水分，他不是不想拒絕那些任務，而是不敢拒絕。就在這時候，另外一個實習生自動過來說：「這個部分我已經學過了，我速度挺快的，應該來得及。」

Chapter 6

當時達哥的心態真的很複雜，他沒想到自己還有看走眼的時候。

最後專案圓滿完成，卻給他留下了深刻的印象：那些第一時間就說OK的人，不一定是真的沒問題；但是那些看了具體情況，衡量了自身實力後才說可以的人，一般都很靠譜。

後來留在公司的是第二個實習生，了解更多之後，達哥才發現他雖然不愛吹噓，可是他接手的任務，你完全可以放心。如果他做得了，就會保質保量地完成；如果他做不了，他就會直接拒絕。表面上看起來挺得罪人的，可是相處的時間久了，大家都知道他是一個怎樣的人，反而會覺得他很靠譜。

不懂得答應和拒絕的人，太在乎所謂的面子，放不下原本維持的人設，往往在給別人帶來麻煩的同時，也給自己帶來了麻煩。

別答應得太早，先衡量一下自己是不是能夠做到，有多大的能力揹多大的責任，不要成為好心氾濫的老好人。同樣的，如果想要拒絕，也別太晚，若在猶豫和糾結之中錯過了最佳時機，受人怨懟也是理所當然的。

人要懂得拒絕，**真正的朋友不怕被拒絕，真正的能力也不是接受別人的所有要求。**

聰明的人都在做減法，
只有你還在負重前行

要搬家的時候，收拾出了一大堆不知道什麼時候買的東西，有些是出於新奇，買了之後就當擺設，過一段時間就不知道放到哪裡生灰塵；有些是覺得有用，可是真正能用上的時候很少，沒多久就找到更好的代替品；也有一些當初的確有很大的用途，用了太久已經損壞了，卻又捨不得丟棄，便想著先放著，哪天拿出來懷念一下也是別有一番風味的。

現在各大電商平台節日的時候就推出各種優惠，「雙十一」「雙十二」的存在好像不買就虧了，順著攻略囤積物資，千奇百怪的東西都買了一些，但是自己終究沒能成為居家小能手，成為敗家小高手倒是可以確定的。

在收拾之前，我總覺得房間有點小，有很多東西都放不下，

Chapter 6

轉個身都會碰到什麼東西,可是收拾之後卻發現,哪裡是房間小,分明是東西太多的緣故。

這些沒用的——卻因為這樣那樣的原因沒有丟棄——東西佔據了可利用空間之後,自然就沒有了其他東西的容身之地。

很多東西不是不可以丟,而是在當時的情境下,覺得食之無味,棄之可惜,就先留著了。等自己狠下心來,全部丟了之才發現,生活還可以這麼清爽。室內空間變大了,感覺呼吸都輕鬆了不少。

我頓時明白了為什麼有些人會推崇極簡的生活方式,不停做減法之後,就會覺得只要一張床就能夠解決所有問題了,輕鬆而簡單,保持內心的澄明。我可能是做不到這個境界了,作為一個俗人,難免還是有各種各樣的需求,只是深覺人生中應該時常做做減法,給自己留出足夠的空間。

沒有什麼收藏癖的我,都能折騰出這麼多無用的東西,更別說某些本來就有收藏習慣的人了。彭女士就是其中之一,她邀請我去她家做客的時候,我目瞪口呆,沒想到一個房間裡能堆這麼多的東西,連落腳的地方都沒有。

彭女士不好意思地笑笑對我說:「這就是我不愛請朋友們來

我家玩的原因。好幾次都想要收拾，可是仔細看看，什麼東西都不想丟。」

「不會吧？」我有點不太能理解，指著一個有點舊的哈巴狗玩偶說：「這個呢？妳現在肯定也不玩了，而且挺舊的了。」

彭女士連忙說：「這個是我小時候去遊樂園買的，我當時特別喜歡，它陪伴了我很長時間。」

好吧，是有感情的舊物，我也不忍心「橫刀奪愛」，於是看了看她的衣櫃，裡面自然也是擠得滿滿的，有些衣服款式已經很舊了，而且不怎麼好看，都沒看到她穿過。我拿出其中一件問道：「這件可以丟了吧？」

彭女士一把搶過，眼裡露出緬懷的神色，「這件是我前男友買的，我們在一起有很多甜蜜的回憶，除了這件衣服，我們之間就沒有別的羈絆了，我不想丟掉這份回憶。」

「……」

最後我放棄了幫她丟棄任何東西，我忍不住想：不僅東西要做減法，人的感情也應該做減法。因為感情上的捨不得會變成物質上的捨不得，丟棄起來會變得格外困難。

這麼一來，就不只是物質上的負擔，那些多餘的感情，更是

Chapter 6

精神上的累贅。或許我這麼說顯得有些無情,感情充沛不是好事嗎?怎麼就成了多餘的東西?

但事實就是如此,背負太多的感情和回憶並無法讓彭女士變得更開心,她經常看著那些「回憶」暗自落淚,徹夜失眠,對感情更是小心翼翼,如履薄冰,生怕再次重蹈覆轍,也怕新的感情戰勝不了回憶。

過多的感情堆積將彭女士困在了過去,那她怎麼才能看到未來呢?有回憶是好事,但是人不應該沉溺在回憶裡,那樣的生活很難看到希望,只會讓人覺得呼吸不暢。

我跟她說:「在你揹著過去生活的時候,別人早早就跑到前面去了!妳的緬懷與挽留對他們來說一文不值,因為他們都過得很好,不想回頭,只有妳落在最後,所以只能看著別人的背影。這是對大好時光的辜負,妳就不想活得更幸福一點嗎?」

彭女士顯然是嚮往幸福的,她猶豫了:「可是……我做不到啊……」

「我來幫妳!」在她心痛的眼神中,我把她不需要的東西一樣樣找了出來,「這些東西妳已經不需要了,捐給需要的人吧!妳留著不會開心,可是別人收到會很高興,這不是雙贏的事情

嗎？」

彭女士跺跺腳，狠狠心，把眼睛一閉，讓我把東西都捐掉。幾大箱東西搬出去之後，她的家頓時空曠了很多，她的表情看起來有點寂寞，「我以為這些東西會陪著我一輩子，沒想到現在都丟掉了。我以為我會很難過，可是除了有一點不適應外，我竟然覺得鬆了一口氣。」

不捨得丟的情緒冒出來的時候，覺得丟什麼都如同掏心挖肺，可是人的心肺哪有那麼多？有些東西只是傾注錯了感情，等真正丟掉了，沒多久可能就徹底遺忘了。正如彭女士一樣，過了一段時間之後，她就適應了。

阿薩是我見過最會整理的男人，每週他都會進行一次大掃除，他的房間永遠都是最簡潔最乾淨的狀態，很多女孩子都望塵莫及。他時常掛在嘴邊的一句話就是，「一個人房間的狀態就像是一個人的心理狀態，房間亂，東西多，很可能就是想法多，思緒亂，這樣的人怎麼能幸福得起來？」

我細細品味之後，覺得很有道理，看他面色紅潤有光澤，每天的情緒都很積極，就應該知道這是他的不傳之祕。

Chapter 6

阿薩當然也不是從一開始就這麼會整理，以前的他跟大多數男孩子一樣，房間亂糟糟的，休息時間打遊戲也好，看電影也罷，總之沒辦法騰出時間來收拾。大概只有客人要上門了，他才趕緊做一下表面功夫。

可是有段時間，他就跟遭遇了水逆似的，諸事不順，準備跳槽卻還沒有找到下家；女友提出分手；存款告罄，他都快走投無路了。在多種因素的重重打擊之下，阿薩的情緒崩潰了，男人有淚不輕彈，可是他卻像一個小孩子一樣痛哭流涕，也想到了很多絕望的解決方式。

阿薩終究沒有這樣做，他知道自己的狀態不太對，想要改變現在的狀況，首先就要改變自己的心態，否則不順利可能會繼續持續下去，哪家公司喜歡招聘愁眉苦臉的員工？

他不知道該如何調整，就想著做點什麼事情轉移自己的注意力。看著亂七八糟的房間，阿薩終於有了好好整理一下的心情。

沒想到丟完垃圾，看著煥然一新的房間，他覺得自己的內心是前所未有的平靜，好像那些負面的情緒都隨著垃圾一起被清理掉了。

有些東西，真的是「當斷不斷，反受其亂」，你以為這是重

感情的體現，但事實上這很可能是逃避的藉口，以為不收拾，生活就能維持原樣，以為不收拾，那些離開了的人就不會走。

醒醒吧！即便東西維持原樣，也無法否認你情緒的混亂，把過去打包寄走，是時候走出來向前看了。

後來阿薩愛上了這種整理的感覺，清理物品，也是放空心情，以積極和努力的心態對待新的一天。

都說人的最高境界是「本來無一物，何處惹塵埃」，可是作為芸芸眾生的我們，能達到這個境界的還是比較少的，人在世間行走，總會被外物所影響，留下或悲或喜的痕跡，後來，這些情緒越來越多，壓得我們步履蹣跚。

所以普通人應該參照的是「時時勤拂拭，勿使惹塵埃」，太多無用的物質與情緒的堆積會形成泥淖，讓你裹足不前，只有時常清理，才能使生活這顆蒙塵的明珠重新恢復曾經的美好與活力。

生活需要斷捨離，現在一味的給人生做加法的人太多了，什麼就往身上揹，可是很多人都忘記，與負重前行的人相比，輕裝上陣的人更具有天然的優勢。

生活本來就已經夠沉重了，你也沒有那麼強大，傷春悲秋很

Chapter 6

文藝，但是春秋是自然規律，不需要你去背負，別給自己加大壓力。

適時地丟棄不必要的東西和情緒，你便能擁有足夠的平靜和優雅。

不是你的圈子,
就別忙著擠進去

　　讀者小京向我抱怨生活太累,她現在讀高二,起初我以為是學業壓力太大,因為很多高中生都有這樣的煩惱,但是她很快就澄清,不完全是因為學業的關係。如果光是學習的話,那還算輕鬆,但是學校這種地方,少不了有各種圈子。

　　小京的性格比較內向,成績只能算是中上水平,她不是天賦型選手,平時就靠死讀書來維持自己的排名,在別人眼中妥妥就是「書呆子」一個。

　　如果性格足夠開朗,那身邊的朋友肯定少不了,或者有一技之長,比如成績特別好,也會有同學主動願意和她玩,因為優秀本身就是一種凝聚力。

　　最怕的就是小京這種不上不下的,既不擅長交友,也沒人願

Chapter 6

意帶她玩,等她自己反應過來之後,發現自己已經被所有的圈子排斥在外了。

周邊同學的週末都有滿滿的安排,除了小京,她永遠都是一個人上學、放學,一個人逛書店寫作業。如果僅僅是這樣,小京雖然覺得有點孤獨,但大部分時候還是能適應的。可是不知道從什麼時候開始,就有了小京很孤僻、不好相處的傳言,大家更是對她敬而遠之。

小京很委屈,這說的跟她本人一點兒都不一樣。有人告訴她,她應該去交朋友,融入別人的圈子裡,大家都知道她是一個怎樣的人了,那麼謠言自然會不攻而破。

於是小京就開始為交朋友做打算,一有閒暇她就研究最近很火的綜藝,在別的女孩子說起「你們給×××投票了嗎?」,假裝不經意地湊過去,「原來你們也粉他哦?我也看了,覺得他笑得超甜的,已經把所有的票都投出去了。」

於是小京就加入了這個小團隊,她們對小京說:「以前妳都不說話,看不出來妳這麼適合當我們的朋友!」

週末的時候,她們會一起去買明星周邊,一起去逛街,一起去做指甲,漸漸地跟小京有關的謠言就消失了。

243

可是小京依舊過得不開心，因為她自己本人沒那麼喜歡那些明星，也不喜歡做指甲，她更想要去書店看看書；但她敢肯定，如果她提出這個建議，馬上就會被朋友們當笑話。

「難得週末了，放鬆一下吧！小京妳太乖了，人家好學生週末都是在玩的，青春就該好好享受。」

和這些朋友待在一起確實有開心的時候，也驅散了小京心中不少的孤獨感，但她覺得自己現在有了新的孤獨，有時候只能強顏歡笑，有時候覺得格格不入。她努力跟上其他人的步調，卻浪費掉自己的學習時間，她的成績以肉眼可見的速度下滑。

小京心裡著急，卻不知道該怎麼辦。她好不容易才跟大家打好了關係，難道要退回原來的小世界裡，成為一個別人不理解、不喜歡的人嗎？小京也不願意那樣。

現在的結果就是，大家都發現她心裡有事，可是她不知道該如何選擇。小京像一個小大人一樣嘆了一口氣，「誰說小孩子就可以無憂無慮的？我們明明有很多大人都無法理解的煩惱！」

我給她的建議是這樣的：想交朋友？這是好事，可是交朋友的原則不是一味地融入別人的圈子，這不是成為朋友，而是成為「跟班」。

Chapter 6

　　朋友之間應該是平等的，而不是時時刻刻小心翼翼，唯恐被拋下。雙方在互相了解的前提下建立起來的關係，不會因為你喜歡什麼或不喜歡什麼就決裂，很顯然的，小京現在更像是在討好友誼，而不是在擁有友誼。

　　「妳把自己偽裝成另外一個樣子，加入別人的小圈子，可是這麼一來，別人永遠無法認識真正的你。如果有一天妳喜歡上自己偽裝的樣子，那還沒關係；但妳明明不喜歡，繼續偽裝下去帶來的只有茫然，妳先想想看，是不是想成為自己偽裝的那種人。」

　　小京下意識地搖搖頭，可是她又說：「我也想活得很瀟灑，可是沒有朋友的境況也不會好到哪裡去。」

　　我就說：「那是因為你只聽了我一半的建議，我讓你不要強行擠進別人的圈子裡，不代表不讓你跟別人交朋友，讓別人了解真實的你，肯定會有人願意跟這樣的你成為朋友。你需要做的，就是自成圈子。」

　　「以前的我就很真實啊！可是好像沒有人願意跟我這樣的人成為朋友，他們覺得我孤僻、奇怪。」小京反駁道。

　　我沒有解釋，跟小京打了一個賭，讓她回去之後少參加那個

「姐妹聚會」，自己想做什麼就做什麼，如果有人問起來，就實話實說，順便問一下有沒有人願意跟她一起去。這麼做之後，她可能會被這個小圈子除名，但是很快就會有新的圈子願意接納她。

小京的態度有點消極，但還是應下了賭約，半信半疑地試了試。一個星期之後她回來找我，一臉興奮地說：「真的被妳說對了！」她輸了賭約，但是心情卻前所未有的愉悅。

在她脫離小團體行動之後，的確有人對她的「愛好」表示不屑一顧，後來就有人不願意和她一起玩了，但是也有人忸怩地找上她，希望能夠和她一起去圖書館。

原來不僅是她一個人想學習，有不少人也希望勤能補拙，週末多擠出一些時間來看書。只是之前她們和小京一樣，不好意思做殺風景的事情，不想脫離團隊行動。

「只知道加入別人的圈子，當然只能看別人的眼色行事，只有形成自己的圈子，才能夠支配自己的生活，做你真正想做的事情。交朋友從來都不是透過擠進別人的圈子進行的，強行進入那些圈子也不代表你就是一個開朗的人。做自己想做的事情、願意做的事情，自然會有志同道合的人願意加入你的圈子。」

Chapter 6

　　小京之前會被誤會,是因為她沒有試著去交朋友,大家誤以為她「高冷」,解決這個問題靠的不是擠入自己什麼都不知道的圈子,而是應該讓別人認識真正的她。

　　抱團是人的天性,不想成為邊緣人同樣是天性,不僅是學生們被「圈子」的問題困擾,在社會打拼多年的人也難以免俗。

　　喬喬才進公司不久,就感覺到了辦公室裡的暗流湧動,同事們三五成群結伴,中心各有不同,自成圈子,她一個孤立無援的新人,感覺只有加入其中一個,才能在一群人之中顯得不那麼突兀。

　　於是喬喬迅速和隔壁座位的女孩熟了起來,但是加入她們的圈子卻讓她有點後悔,她們平時聊的都是名牌,手上不是最新款就是限量版,而喬喬卻連買了一個經典款都不敢揹出門,生怕通勤的路上被擠壞了。

　　喬喬萌生退意,可是好不容易才被這個圈子接受,再加上她們能夠教給她不少時尚,帶她開闊眼界,結識更多人脈,這個圈子對她來說就是一條捷徑,就這麼離開著實有些可惜。

　　她一拖再拖,直到有一天她聽到有人這樣說:「你們在說喬

喬啊?我也覺得她太喜歡佔便宜了,我們這個圈子什麼情況、她又是什麼情況,她自己心裡沒有感覺嗎?這樣的女孩子很不討人喜歡的。」

那一瞬間,喬喬的眼淚都快冒出來了,她清楚自己的行為不太好,卻沒想到在別人的眼裡是這麼不堪。她其實是一個特別在乎面子的人,於是她默默退出了這個奢侈的圈子,成為一個獨來獨往的人。

這一次,喬喬不想再靠所謂的圈子和人脈走捷徑了,她想靠自己的努力,讓別人無話可說。

她的特立獨行成了茶水間的笑談,「她啊,大概是被趕出那個圈子了,大家都等著看她的笑話呢!誰想和這麼虛榮的人交朋友啊?」

喬喬也聽到了一些風言風語,但是她沒有跟任何人起爭執,而是工作得更加賣命。努力其實是很容易被看見的,一年之後,喬喬不需要再依賴任何人的圈子,因為她已經有了自己的圈子,工作遇到任何問題,她都能夠快速地解決,她的筆記本簡直就是人間救援。

我認識喬喬的時候,她已經是公司的公關總監了,她在員工

Chapter 6

大會上這樣說:「很多初入公司的員工以為讓自己顯得合群,快速加入大家的小圈子,是最重要的,可是當你一無所有的時候,你永遠只能生存在那些圈子的最底層!你要做的其實是努力變得更優秀,哪怕你不努力融入,別人也會將你納入其中。」

你們受「圈子」的支配多久了?生怕顯得自己是個「怪胎」,生怕自己被孤立,然後去關注那些本就無趣的事情,最終越走越迷失,卻依舊沒有從中得到自己想要的東西。

違心加入的圈子始終不是你的圈子,不如做真實的自己、優秀的自己,等時間久了,你就會發現,原來你還可以自成圈子。

把應該承擔的責任擔起來，
你才會發光

　　很多女性朋友都跟我說起過她們的擇偶條件，除了身高、體重、財產這些嘴上常說的，但是真正衡量起來的標準又不是這些。那最重要的是什麼？她們會毫不猶豫地告訴我：「是責任感、是這個男人有沒有擔當。」

　　她們列出種種條件，不要「媽寶男」，不要沒有主見……追根究柢，就是不想遇到沒有責任感的男人。

　　有擔當的男人，不管自身的條件怎麼樣，最後都會脫穎而出；而那些軟弱喜歡逃避的男人，則在婚戀市場裡被避之唯恐不及。

　　她們也這樣說：「女孩子的青春寶貴，難道要等他學會承擔嗎？這十有八九是在白費力氣。妳在等他學會承擔，他卻愛上了

Chapter 6

這種不需要負重的生活,一旦妳給他施加一點壓力,他就會說妳變了,然後怒而分手。總而言之就是什麼好處都被他佔了!」

大寶曾經跟我抱怨,說他的女朋友太物質了,讓他覺得很累,這段感情有種無以為繼的感覺。

我問他:「怎麼個物質法?」

大寶舉了個例子:每年過生日,女朋友就三令五申不要送花,而是要送她一套護膚品。而且她要的護膚品並不便宜,大寶想要買便宜一點的,她就要鬧分手,說他不愛她。大寶覺得女人的思路讓人非常難以理解:愛與不愛,是能用一套護膚品來衡量的嗎?

類似的事情發生過很多次,每次都讓大寶疲於應對。

我又問大寶:「在你生日的時候,她有送過你什麼東西嗎?」

答案當然是有的,他的女朋友對節日很有儀式感,不會錯過任何表達心意的機會,她送名牌皮帶,也送名牌皮夾,價格絕對高於一套護膚品。

但是大寶並不領情,「我從來都沒有要她幫我買這些名牌,都是她自己愛買,我一直叫她不要這樣亂花錢。」

「和你在一起之前，你的女朋友用的也是這套護膚品嗎？」

「應該是吧！」

問答結束之後，我恨不得讓他們立刻分手，可惜了這麼一個好女孩，是怎麼遇上大寶這種男人的？情侶、夫妻之間是可以慢慢去協調、融合的，除非一個有力，另一個卻根本無心。

「還是早點分手吧！你得到解脫，也算放她一個自由。」我不認識他的女朋友，卻為她感到不值。

大寶因為我的態度而有些不滿，他是覺得我能夠給出有用的意見才會來找我，沒想到我和其他「物質」的女人一模一樣，覺得他不能給女朋友更好的物質條件就盼著他們分手！就是因為有我們這樣的女生，才會導致女朋友越來越不好追，越來越難搞定。

我忍不住笑了，非常高興這個越來越不好追、越來越難搞定有我的一份功勞。

我從來都不是什麼物質至上者，更沒有鼓吹過相關的言論，而大寶的女朋友就更無辜了，犧牲了自己的大好時光和生活質量不說，還被貼上了「物質」的標籤，這該找誰說理去啊？

大寶的女朋友哪怕沒有他，過的也是一樣精緻的生活，她有

Chapter 6

能力提供給自己這樣的生活,作為男友,一邊理所當然地享受著女朋友對他的好,一邊嫌棄她,希望她降低自己的生活水準。

這是一個男友應該做出的事情嗎?哪怕現在提供不了最好的,也不該是一味地抱怨,拉低對方的生活質量,而是應該努力想著如何改變現狀,為她提供更好的。

與大寶類似的人應該會覺得,愛情是不需要考慮物質的,否則就是庸俗,就是拜金,殊不知好的愛情是要看物質的!最初在一起,生日時送一束玫瑰就已經很浪漫了,可是每個生日都只有一束花,就有點微妙了。

若是女朋友天天纏著他送奢侈品,那說她「物質」還無可厚非,可是生日一年不過一次,哪怕收入不高,咬咬牙也要努力買得起一些浪漫吧!

別人努力送給你最好的,你的回報卻一成不變,其中的浪漫和驚喜早就隨著時間一起消磨了。

禮尚往來古來有之,不僅在人情往來上有效,情侶與夫妻之間更不應忘記這個守則。只有這樣,才能清楚地看到對方的付出,才能回報對方的感情。

「物質不代表我愛她的程度,感情怎麼能用這麼簡單的方式

衡量呢？」如大寶一類的人總會振振有詞的這樣說。

物質的確不能成為衡量感情的唯一準則，不能看出一個人有多愛你，但是一定能夠看出一個人有多不愛你。不愛你的人，一定捨不得為你付出太多，恨不得什麼事情都讓你一個人承擔，愛你的人卻是將「讓你過上更好的日子」這個責任扛在肩上，負重前行。

我不知道大寶有沒有理解我說的話，不過我想，如果他的心態沒有扭轉過來的話，兩個人終究會分手，正好應了「一別兩寬，各生歡喜」這句話。

也有人說，現在可以同甘的人很多，但是能共苦的人太少了。比如說相親對象上門，一看身在農村，房子老舊，就搖搖頭說不行。我覺得也未必是不能共苦，人家只是不能接受一直苦，看不見半點生活甜蜜的希望。既然如此，他們為什麼要共苦呢？

別忘了，共苦是為了以後的好生活，沒有人想要在苦日子裡煎熬一輩子。

好友阿俊在今年情人節的時候和相戀七年的女友結婚了，婚禮上這對新人笑容燦爛，接受來自大家的祝福。

Chapter 6

誰能想到，一開始，女方的家裡無論如何也不願意接受阿俊，希望他們早早分手？很多人都以為他們遲早會分手，但是經過七年的戀愛長跑，他們卻修成了正果。

阿俊和女友在大學時期就開始談戀愛，兩個人的關係很穩定，但畢業之後準備結婚時，他們卻遇到了難題：兩個人的家庭環境相差太大了！

阿俊老家在農村，父親是個酒鬼，大學四年的學費和生活費都是靠他自己的獎學金和打工；而女友的父親是退休公務人員，母親是高中老師，他們不算特別保守，沒有非要講究門當戶對，但是他們很清楚，以阿俊家庭的情況，女兒嫁過去肯定要受苦。

現在有愛情作為支撐，等以後柴米油鹽多了，她就會明白，愛情不是婚姻的基石。他們寧願當那個拆散姻緣的人，也不希望女兒日後後悔。

有一段時間阿俊自己都想放棄了，因為他知道女友父母說得很有道理，他不能提供給她好的物質條件，如果真的愛她，就不該眼睜睜地看著她跟著自己一起受苦。

可是女友還沒有放棄，她說：「現在就說放棄，根本就是在逃避，你說過會讓我過上更好的日子，那就證明給我看！」

連女友都沒有放棄，阿俊又怎麼甘心就這麼分手？

工作之後他比誰都賣命，每天都在跑業務，拓寬銷量，客戶有什麼需求，他一一滿足，或者早早做好準備，讓很多人都放心跟他合作。

兩年後，阿俊存下了房子的頭期款，又過了一年，他也攢夠了結婚的錢。準備了一下，他向女友提出求婚，女友答應了，而她父母自然也無話可說了，這麼多年來兩個人都沒有分開，阿俊對女兒的好，大家都看在眼裡。

從零到一，原來也不是那麼困難，事業有成，家庭圓滿，阿俊的家庭雖然無法給他任何幫助，可是靠自己的努力，他做到了！一個有責任感、有擔當的人，再怎麼落魄，也總有發光的時候，哪怕晚一點也沒關係，因為這一天終將來到。

婚禮上，阿俊的女友——現在應該說是阿俊的妻子——說起一件事：

當時他們還沒有在一起，學生會成員一起去山上看日出。阿俊負責登記人數，一般人可能做好報名工作就好了，但他很細心地把登山可能需要的東西、可能會遇到的情況都列了出來，給報名者一張單子，提醒他們把要帶的東西帶齊。

Chapter 6

　　細節看人品,從小事上就能看出一個人的認真和負責,當時她就留意到阿俊了。後來一相處,發現他果然如此!無論眼前的生活多麼困苦,他都會竭盡全力給她最好的。

　　在抱怨別人不能與你同甘共苦的時候,不妨想想,你是真的想要努力給對方一個燦爛人生,還是單純地想找個人陪你在泥濘中前行?如果是前者,別擔心,總有人會看到你的責任感散發出來的光芒;如果是後者,那我只能祝你好運了。

　　「責任」這個詞,看似簡簡單單,可是它所代表的含義並不簡單,它要求你揹上該背負的責任,負重前行,絕不是看到了一塊石頭,就搖頭說過不去,也絕不是累了之後,就將這個包袱往旁邊一丟,說到這裡就差不多了。

　　只有會發光的人,才能將責任感貫徹始終。

最長久的堅持，
源於熱愛

家鄉有一位長輩，最擅長木雕，一手刀工出神入化，小小的一個木雕，在他的手上如同被施過魔法一般，紋理畢現，就連最細微的地方都將「逼真」兩字貫徹到底。他不收徒弟，也不賣木雕，平時就坐在自家的院子裡曬太陽，和普通的老人沒什麼兩樣。

小時候不知道這門手藝的重要性，到後來覺得老人的手藝和外面的那些大師比起來也差不了多少，就忍不住問他：為什麼不把木雕拿出去賣？把它們丟在屋子的角落裡落灰，未免也太過可惜！

老人家擺擺手，他以前就是一個農民，從沒想過要靠賣木雕賺錢，這單純就是自己的一個愛好，因為喜歡，所以他願意花大

Chapter 6

量的時間去琢磨怎樣把木頭雕得更好,什麼樣的木頭更適合什麼樣的紋理等等。以前家裡人還說他不務正業,不讓他雕了,可是他腦子裡總記掛著這件事,吃飯的時候想,睡覺的時候想,趁家人不注意的時候就偷偷地練習。

最後家人拿他沒辦法,就只能隨他去了,只要不耽誤農忙就行。他不知道什麼是藝術,也不知道這能換錢,只知道這麼做的時候,他能感到開心。年紀漸漸大了,很多活都做不來了,但他還是花大把的時間在這上面。

「你喜歡做這件事,就自然而然地會在這件事上面花很多時間,不需要有人去監督,反倒是你自己不去做,心裡倒會覺得空盪盪的,好像有什麼事情沒有完成似的。」

老人家說,到了他這個年紀,已經不需要再為錢和名奔波了,就圖一個痛快而已。

專注於一件事情時間久了,什麼都會成了藝術。你覺得日復一日地做一件事是枯燥,可是在他們的眼裡,專注地做這件事的時候,每分每秒都充滿了美感,又怎麼會覺得厭倦?

認識蘇蘇是很多年前的事情了,那時候我會接一些簡單的筆

譯工作，對字幕組也挺感興趣的，蘇蘇正好就是當時一個「野生」字幕組的組長。當時這個字幕組單純因愛好而生，一年都做不出幾個作品來，沒有什麼人氣可言。

　　但是蘇蘇卻野心勃勃，想要將字幕組發揚光大。很多人都不看好她，畢竟她沒資金，好的翻譯和剪輯師都會去更好的字幕組發展。她對自己很有信心，她相信只要去做，去花時間和精力，總會好起來的。

　　當然有人會笑蘇蘇這是年少的熱血，過段時間就會被現實打擊，到時候她自己就會放棄。

　　可是蘇蘇從來都不是那種會輕易放棄的人，她高中的時候不愛學習，也沒有意識到學習的重要性，大學讀了一所一般的大學。學校課業不重，她有大把的時間可以用來看電影、看劇。

　　觀看的過程中她發現很多劇目中的字幕翻譯得很有問題，要嘛詞不達意，要嘛就是翻譯腔嚴重。一開始蘇蘇還沒想過要做字幕組，只是發現學好英語的重要性，這樣一來她就能直接看原版劇目了。她將大部分的時間都花在了背單詞、練聽力上面，剛入門的時候就0.5倍速，後來越來越快，直至看原版電影和影集都毫無壓力。

Chapter 6

當我將這件事訴諸文字的時候，會顯得這件事情非常簡單，似乎隨便一個人都能夠做到，但這麼做的人都明白，這真的不是普通人就能做到的事情，至少我認識的幾個英語能力過人的人都會覺得吃力。

而當時的蘇蘇，就連平均水平都無法達到。想要把英語學好，需要付出的努力是別人的好幾倍。可她是真心想做這件事，所以不管有多少困難，她都努力克服了。

熱愛一件事的人，是所向披靡的，在蘇蘇身上，我就看到了這樣的力量。

透過學習英語，蘇蘇意識到掌握一門技能的重要性，她發現自己還有很多可以提高的地方，野路子和系統學習的差距還是很大的，後來她便決定去考英語專業的研究所，準備的過程中，她發現自己平時學的英語真的很有用。

她將考研的目標定在了一所一流名校，因為她覺得更好的學校有更多的資源，可以讓她學習到更多東西。事實上也的確如此，可是一流名校不是你想進就能進的，導師們大都不喜歡外校出身的學生，因為基礎不好的學生很難帶，即使筆試成績不錯，也可能在複試環節被淘汰。

好在蘇蘇的聽力很好，為了跟上劇目中人物對話的語速，她也會自己練習口語，在面試中的出色表現讓她殺出重圍，完成了進入一流名校的逆襲。

　　那時候她便隱隱約約地明白，當你把一個愛好做到極致的時候，它會成為你手中最鋒利的劍。蘇蘇並沒有滿足於現狀，她自己看原版劇目是沒有問題了，可是別人呢？她想自己做比市面上更好的字幕組。

　　這可不是一個簡單的任務，但蘇蘇之前做的事情，又有哪個是簡單的？她對這件事感興趣，就不會單純地抱著玩票的心情來看待，**玩票是一時興起，但熱愛是一件永久堅持的事情**。這種興趣不會因為暫時受挫就停止，也不會因為前路遙遠就變得迷茫。

　　蘇蘇在字幕組這件事情上傾入了很多心血，忙起來的時候，她一個人既做翻譯又做校對，有時候還順便做時間軸。她知道現在字幕組規模都比較小，所以剛開始沒有直接把攤子開得太大，專做好評率比較高的科幻劇。

　　導師知道她在做的事情之後，也挺感興趣，問了一下他們的進度之後，還給了不少建議。做字幕組聽起來沒有口譯、出席某些商務會議厲害，可是能夠學以致用，就已經是一種很厲害的技

Chapter 6

能了。

也有人說蘇蘇不務正業，既然英語學得這麼厲害，怎麼不去賺錢？殊不知人家早已確定了博士班的名額，準備繼續深造呢！而她的字幕組隨著時間發展也壯大了起來，成為科幻劇字幕組中的標竿，有人想投資、想收購，但都被她拒絕了，她不想拋棄做這個字幕組的初心。

去年蘇蘇作為字幕組組長參加了中國科幻大會，有一個專訪問她是怎麼做到今天這種程度的？眾所周知，很多源於愛好的字幕組，沒過多久就消失了。

蘇蘇說：「熱愛就是發自內心深處的喜歡，從內心發出的聲音告訴我不能停下來，要繼續堅持下去，一開始我也不知道能做到什麼程度，只知道去堅持就對了。」

如果輕易便說放棄，那一定不是熱愛。**熱愛是從心底發出的吶喊，是一旦失去就會覺得心臟空一塊的東西。**當你熱愛某件事，不管是來自哪裡的壓力都不能阻止你，它只會將你磨礪得更強、更堅固。

A君曾經向我求助，說：「現在我正在做一份薪水很高的工

作,但是我不怎麼喜歡這份工作,感覺太壓抑了,我真正喜歡的是畫畫,我是不是應該辭職去專職畫畫?如果辭職,我不知道是否可以保證自己最基礎的生活,可是畫畫又是我真心喜歡的事情,我不想放棄。」

我告訴他,如果有一定的存款,生活壓力不大,可以考慮辭職;如果生活壓力比較大,不妨將這個事情當成一個永久的愛好來發展,並不是說喜歡做這個事情,就一定非要從事這個事情,真正喜歡的事情,哪怕不是職業,你也會堅持下去。工作再忙,但是只要你想,總能夠抽出時間。

A君考慮了一下,沒有立刻辭職,直到他寄給雜誌社的封面和插畫被採用了,拿到的稿酬還算可以,這個時候他終於向公司遞交了辭呈,在家專職做畫手,如今的他在圈子裡已經小有名氣了。

後來他說:「還好當時沒有直接辭職,不然我肯定會忙著賺錢,都沒有時間去打磨自己的作品,可能也畫不出那些還算可以的作品。」

在愛好和現有工作之間搖擺的人有很多,我也曾收到過許多類似的求助,每個人的情況不同,我給出的建議也不一樣。有的

Chapter 6

人可以將愛好發展成自己的職業,最後皆大歡喜;也有的人不適合將愛好與職業等同,愛好無法提供生活最基礎的物質需求,導致一個人變得焦慮、煩躁、甚至是懷疑自己。

熱愛某件事,不一定非要將它作為職業,不管你正在做什麼,熱愛都會讓你繼續堅持。名和利不是目的,回應內心的那個聲音才是最終目的,或許在這個過程中,你收穫了其他物質上的成就,可是千萬別忘了最開始的堅持,源於與功利無關的熱愛。

後記

願你自由自在，
且不被辜負

　　我要先跟大家道個歉，很抱歉，我的人生，沒有大家想像中的那麼波瀾壯闊，也沒辦法給大家提供一個走上人生巔峰的模板。和很多人一樣，我也要經歷在泥濘中掙扎，然後跌跌撞撞地往前走。

　　如果你們想看到如超人一樣的故事，那你可能要失望了，過去的我不是，現在的我不是，未來成為超人的希望也十分渺茫，既無法從天而降拯救你於水火，也無法告訴你，別害怕，總有一天你能拿到金手指。

　　正在閱讀這本書的你，總有一天會明白，再多的雞湯，對你的人生依舊沒有什麼用。你想參考著別人的發展模式，最後卻發現，模板始終是模板，你永遠都無法成為那樣的人。於是你忍不

住開始懷疑,到底是哪個環節出了問題,還是說從一開始你就拿著失敗者的劇本做參考,無論怎麼掙扎都逃不出既定的結局?

你不再相信雞湯,不再相信勵志,覺得這些都不過是一群站著說話不腰疼的人給你畫的大餅。

我不想給你畫大餅,我和你一樣,和大部分人一樣,只是個普通人而已。我有很多很多的恐懼:我不喜歡醫院,去年年底做一個小手術,就自己躲在洗手間偷偷地哭,回頭怕被人發現自己露怯,又假裝出關羽刮骨療傷的那種談笑風生的風範。我有過迷茫,懷疑手上這份工作給我帶來的價值,也有過乾脆一走了之的念頭,卻又惶恐離開之後未來該何去何從,而因為這份猶豫留下的我,本質上跟與平庸妥協並無區別。

因為為了生存的我,丟掉了那份熱血。我曾以為我能無所畏懼,後來才發現自己極為投鼠忌器,甚至是「拔劍四顧心茫然」。

可是最終,我還是會從糟糕的狀態中走出來,因為去尋找價值、去思索的我,絕不會將自己束縛於負面情緒中,我會想著去反抗,去改變,不知不覺中便走到了今天。

人本身的力量是那麼的渺小,可是在必要的時候,又能夠綻

放出不可思議的力量。

大家對超人的力量習以為常，卻將普通人的力量稱為「奇蹟」。

我曾聽到過這樣一句話：真正的勇敢，並不是無所畏懼，而是明明有所恐懼，卻還要勇往直前。這就是許許多多的普通人正在做的事情，折戟沉舟、未來風向不明，極可能是驚濤駭浪，可是拾掇拾掇，他們決定繼續前行。

也許你的人生正處在一種起起落落的不穩定狀態，生活的顛沛流離讓你嚐遍人生的艱辛，可是別著急，也別喪氣，不是每個人都能活得光芒萬丈，但這些艱難永遠無法掩蓋你的精采。

從我身上，讀者們或許看不到太多的力量；反而在你們身上，那種力量卻更為明顯。

誰不曾在深夜痛哭？可是哭完之後，第二天依舊會畫一個美美的妝容去上班，做一個無懈可擊的職場人。哭過鬧過，卻沒有人會輕易地說放棄。

誰不曾自我懷疑過，懷疑自己做出的決定，懷疑自身的價值？可是在懷疑之後，無論是調整還是繼續堅持，都會變得更加堅定，你知道自己想要什麼，知道自己走向何方，也許這一路註

定不是什麼坦途，那又有什麼關係呢？那些沒能打倒你的事情，會讓你變得更加強大。

我所看到的普通人的人生，都無法做到十全十美、沒有缺憾。他們用他們的血肉之軀，與殘酷的世事對抗，也許會是傷痕累累，結果在痛苦中變得更好、更強。

我所寫的故事，都是一些普通人的故事，他們淹沒在人潮裡，普普通通，可是當你注意到他時，你就會發現，來自他身上的力量一點兒都不渺小，一點兒都不普通。因為真實，所以有更多的共鳴。

如果這本書能夠給予你一絲力量，帶你走出泥濘，那我會感到很高興，我的目的已經達到了！**我相信，真正的力量，藏於你心，只要你願意，你就會擁有。**

隨風

生命可以
隨心所欲,但不能
隨波逐流

願你自由自在,且不被辜負。

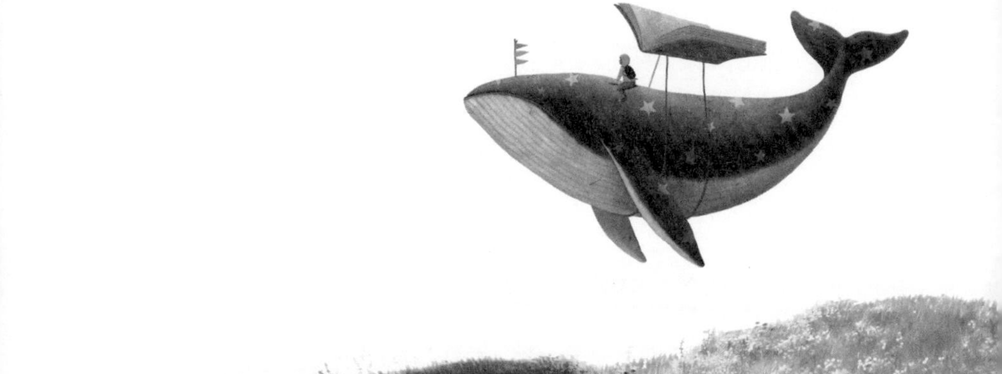

生命可以
隨心所欲,但不能
隨波逐流

作　　者	隨風
美術設計	點點設計 × 楊雅期
特約編輯	謝米
總 經 理	李亦榛
特別助理	鄭澤琪

出　　版	樂知事業有限公司
電　　話	（02）2755-0888
傳　　真	（02）2700-7373
網　　址	www.sweethometw.com
E m a i l	sh240@sweethometw.com
地　　址	台北市大安區光復南路692巷24號1樓

發　　行	聯合發行股份有限公司
地　　址	新北市新店區寶橋路235巷6弄6號2樓
電　　話	（02）2917-8022

| 印　　刷 | 晨暄印刷有限公司 |
| 電　　話 | （02）2221-7516 |

| 初版一刷 | 2025年6月 |
| 定　　價 | 360元 |

生命可以隨心所欲, 但不能隨波逐流 / 隨風著. -- 初版. -- 臺北市 : 樂知事業有限公司出版 ; 新北市 : 聯合發行股份有限公司發行, 2025.06

272 面 ; 14.8 X 21 公分

ISBN 978-626-97564-9-0(平裝)

1.CST: 修身 2.CST: 情緒管理

192.1　　　　　　　　　　114006838

版權所有 翻印必究 ※ 本書如有缺頁、破損、裝訂錯誤,請寄回本公司更換

本書台灣繁體版由四川一覽文化傳播廣告有限公司代理,
經六人行（天津）文化傳媒有限公司授權出版。